# Praxisteil: Seite für Seite mehr Erfolg beim Zeichnen

**Leserführung**
Kolumne und Kapitelfarbe sagen Ihnen, in welchem Teil des Buches Sie sich befinden.

**Beschreibung**
Die kurze Erklärung fasst das Wesentliche des Motivs in Worte und sagt Ihnen, worauf Sie beim Zeichnen achten müssen.

**Tipps**
Dort, wo es besonders hilfreich ist, werden zeichnerische Kniffe erklärt.

**Schwierigkeitsgrad**
Die Zeichnungen sind unterschiedlich schwierig. Diese Symbole helfen Ihnen bei der Auswahl:
▸ leicht (1 Stift)
▸ mittel (2 Stifte)
▸ schwer (3 Stifte)

**Detail**
Ein Detail zeigt Ihnen interessante Feinheiten der Zeichnung in der Vergrößerung. So wird es besonders leicht, das Motiv zu realisieren.

**Zeitbedarf**
Die Angabe orientiert sich an einer mittleren Geschwindigkeit und Übung.

**Materialliste**
Hier steht, was Sie für die Zeichnung brauchen bzw. einkaufen müssen.

# Sicherheit mit dem 5-Schritte-System

**1 Groß und klar: Grundaufbau**
Der erste Schritt ist immer groß gezeigt. So können Sie besonders gut erkennen, wie Sie vom ersten Strich an alles richtig machen.

**2 Ins Motiv einsteigen**
Dann können die Details angelegt und erste Bereiche schraffiert werden.

**3 Schraffuren und Linien**
Durch das sorgfältige Schraffieren nimmt das Motiv nach und nach deutlichere Formen an.

**4 Sicherheit**
Nun werden anhand der Fotografie oder der Vorlage die Details des Tieres herausgearbeitet.

**5 Finish**
Durch das bewusste Schraffieren bestimmter Bereiche erhält das Motiv noch mehr Lebendigkeit.

Gecko Keck

# TIERE

Werkstatt Zeichnen

# INHALT

## GRUNDKURS .................. 5
- Material .................. 6
- Linien und Schraffuren .................. 8
- Licht und Schatten .................. 10
- Richtig sehen lernen .................. 11
- Grundaufbau .................. 12
- Grundformen .................. 14
- Strukturen und Oberflächen .................. 20
- Bildvorlagen .................. 22
- Anatomie .................. 23
- Skizzen .................. 24

## HAUSTIERE .................. 28
- Meerschweinchen .................. 30
- Hase .................. 32
- Küken .................. 34
- Zicklein .................. 36
- Katzenporträt .................. 38
- Fohlen .................. 40
- Hundeporträt .................. 42

## WILDTIERE .................. 44
- Eisbären .................. 46
- Elefant .................. 48
- Elefantenbaby .................. 50
- Nilpferde .................. 52
- Pandabär .................. 54

## BESONDERE TIERMOTIVE .................. 56
- Echse .................. 58
- Libelle .................. 60
- Löwenporträt .................. 62

## WERKSTATT .................. 64
- Mit einem Vorbild arbeiten .................. 66
- Tiere in Bewegung .................. 68
- Besondere Motive und Techniken .................. 70
- Der eigene Stil .................. 76

Über dieses Buch .................. 80

# VORWORT

Erst gestern hat meine drei Jahre alte Tochter gedrängelt, dass sie wieder einmal in den Zoo gehen möchte. Die Eisbären, Nilpferde, Äffchen oder Nashörner dort sind ihre Freunde und wenn sie diese einmal länger nicht sieht, dann sitzen wir oft zusammen und zeichnen gemeinsam Tiere aller Art. Da sie selbst natürlich noch nicht so gut mit den Stiften zurechtkommt, bin ich meistens derjenige, der die Tiere zeichnet.

Wie für meine kleine Tochter, die abends schon mal zu ihrem Spielzeugtelefon greift, um den Freunden im Zoo von ihren Abenteuern zu berichten, sind Tiere wohl für die meisten Kinder ständige Begleiter im Leben.

Tiere zeichnen zu können bereichert unser Leben – nicht nur im Umgang mit Kindern! Viele Erwachsene schätzen die künstlerische Auseinandersetzung mit Tieren, denn die reichhaltige Welt ihrer Formen und Farben, die unerschöpfliche Vielfalt dieser Geschöpfe schlägt jeden in Bann. Den Wundern der Natur mit dem Zeichenstift nachzuspüren, hat auch ein wenig von der Faszination, die schon unsere Vorfahren gespürt haben müssen, als sie in den Kulthöhlen der Steinzeit Bison und Bär, Mammut und Wildpferd in unglaublich lebendigen Bildern auf den Felsen bannten. Denn sich mit einem Tier auseinander zusetzen, seiner Schönheit und Einzigartigkeit auch in der Bewegung nachzuspüren, lässt den Zeichner in Kontakt zu dem Tier treten, dessen äußere Form er nur dann meisterlich erkennen und umsetzen kann, wenn er seinem Wesen näher gekommen ist.

Dieses Buch soll Ihnen dabei helfen, Tiere zeichnen zu lernen – von den ersten Strichen bis hin zu eigenen künstlerischen Ideen. Ich wünsche Ihnen viel Freude damit und gutes Gelingen.

Tiere sind vielleicht das einzige Thema in der Kunst, das alle Menschen gleichermaßen fasziniert und beschäftigt. Schon ganz kleine Kinder kann man mit hingekritzelten Mäuschen, Hunden oder Elefanten begeistern. Später zeichnen Kinder mit Feuereifer alle möglichen Tiere, denen sie in Büchern oder im Fernsehen, im Zoo, in Wald und Feld oder im Garten begegnet sind.

Viele Erwachsene möchten gerne lernen, wie sie Tiere gut zeichnen können, sei es, um sich mit ihren Kindern oder Enkeln zu beschäftigen oder um eigene Bilderwelten zu schaffen. Anschauliche Bilder von Tieren zeichnen zu können ist aber auch recht praktisch: Wie oft kann man eine Grußkarte oder einen Brief mit einer Tierzeichnung beleben.

## Tierdarstellungen in der Kunst

Die Darstellung von Tieren hat schon immer eine große Rolle in der Kunst gespielt. Pferde oder Löwen sieht man zum Beispiel oft auf Bildern der Renaissance oder des Barock: Große heroische Szenen mit stolzen, geschmückten Pferden oder auch biblische Themen kommen einem da in den Sinn – ebenso jedoch auch Tiere wie der Hase, den Albrecht Dürer mit analytischem Blick für immer eingefangen hat. Auch die Tierbilder eines Franz Marc kennt fast jeder. Seine farbig expressiven Bilder sind schöne Beispiel für überaus lebendige Darstellungen. Er hat das Tier in den Mittelpunkt seiner Bilder gestellt und ihm über die spezielle Farbgebung und die außergewöhnlichen Bildkompositionen eine zweite, der reinen Naturdarstellung „übergeordnete" Bedeutung gegeben.

## LERNZIELE

Tiere zeichnen setzt voraus, dass Sie sich für die Vielfalt der Lebewesen um uns herum interessieren. Wer sich von ihren unterschiedlichen äußeren Erscheinungsformen inspirieren lässt, wird den Geheimnissen von Säugern, Vögeln, Amphibien, Reptilien oder Fischen auf die Spur kommen wollen. Doch sind nicht nur der Körperbau und die verblüffenden Fähigkeiten der Tiere interessant: Man muss auch das Wesen eines Geschöpfs begreifen, um eigene künstlerische Motive zu entwickeln.

▸ Beginnen Sie deshalb mit dem Grundkurs dieses Buches. Ab Seite 6 werden hier die Grundtechniken des Zeichnens vorgestellt, die Ihnen das Arbeiten erleichtern. Denn nicht nur die spezielle Form eines jeden Tieres, sondern auch sein Fell, seine Schuppen, seine Haut und andere Körperbedeckungen sind schöne Aufgaben, die Sie gut meistern werden, wenn Sie wissen, wie.

▸ Die Auswahl des richtigen Motivs spielt eine große Rolle, um das eigene Können richtig einzusetzen. Lernen Sie, Ihr Auge für den Aufbau einer Tierzeichnung zu schulen und Ihre Zeichnung vom ersten Schritt an richtig aufzubauen.

▸ Doch nicht nur das analytische Arbeiten ist wichtig beim Zeichnen, sondern auch das schnelle, skizzenhafte Erfassen von Tiermotiven – besonders, wenn man nicht nach Foto, sondern in der Natur nach lebendigen Vorbildern arbeitet.

TIERE • Grundkurs

Zeichnen bedeutet „Arbeiten mit Linie" – im Gegensatz zum Malen, bei dem die Fläche das Stil gebende Element ist. Mit Linien umzugehen heißt grafisch zu arbeiten. Wer also einfach einen alten Bleistift nimmt und loslegt, gerät schnell an seine Grenzen. Gerade beim Zeichnen ist jeder Strich nur so gut wie das Werkzeug, mit dem man arbeitet.

# MATERIAL

Welches Material für ein Motiv am besten geeignet ist, hängt von der Aufgabe ab, die man sich gestellt hat. Denn für jedes Motiv gibt es Materialien, die Ihnen das Arbeiten erleichtern.

▶ Für erste schnelle Skizzen eignen sich vor allem weiche Bleistifte und Zeichenkohle. Auch der Kugelschreiber ist ein Medium, mit dem Sie Tiere sehr schön skizzieren können, wie man am Ende des Grundkurses noch sieht.

▶ Für detailliert und sauber ausgearbeitete Motive bieten sich dagegen eher Bleistifte verschiedener Härtegrade an.

▶ Wenn man jedoch mit ausgeprägteren Abstufungen in Hell-Dunkel oder überhaupt in Farbe arbeiten möchte, sind natürlich Buntstifte am besten geeignet.

## Bleistifte

Trotz der verschiedenen technischen Möglichkeiten, die existieren, ist der Bleistift das wichtigste Handwerkszeug fürs Zeichnen. Jeder, der zeichnerisch weiterkommen möchte, sollte den Umgang mit Bleistiften beherrschen und sich möglichst gut mit den verschiedenen Fachbegriffen auskennen.

## Der Härtegrad

Bleistifte werden, je nach der Härte ihrer Mine, in Härtegrade unterteilt: Weiche Stifte tragen den Kennzeichnungsbuchstaben „B", harte Stifte tragen den Kennzeichnungsbuchstaben „H". Die einzelnen Härtegrade sind jeweils mit Ziffern von 1-6 angegeben.

### TIPP

Probieren Sie einfach jedes in Frage kommende Material zumindest kurz aus. Die meisten Schreibwarengeschäfte oder Geschäfte mit Künstlerbedarf bieten diesen Testservice an.

### INFO
**HÄRTEGRADE**

Je höher die Zahl, umso weicher (bei B) oder umso härter (bei H) ist der jeweilige Stift. 3B ist also schon recht weich, 3H ziemlich hart.

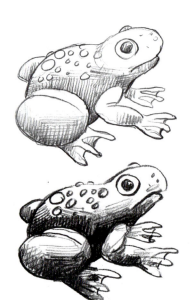

6

MATERIAL

## Buntstifte, Kohle, Kugelschreiber

Wie die Beispiele unten zeigen, gibt es nicht nur bei Bleistiften große Unterschiede in der Qualität und im Härtegrad. Auch bei Buntstiften und Zeichenkohle gibt es Varianten und es empfiehlt sich, sich hier genauer zu informieren. Zunächst ist es für die meisten Zeichenanfänger leichter, mit weicheren Stiften zu arbeiten. Allerdings passiert es schnell einmal, dass diese Zeichnungen verwischen oder schmieren. Besonders Zeichenkohle verwischt sehr schnell auf dem Papier.
Tipps, wie man die Zeichnungen besser fixiert, finden Sie bei den entsprechenden Motiven in diesem Buch. Auch beim Zeichnen mit einem Kugelschreiber sollten Sie darauf achten, dass dieser nicht schmiert. Buntstifte regen zum Experimentieren an. Versuchen Sie auch einmal Techniken zu mischen, wie zum Beispiel Buntstift mit Bleistift oder Buntstift kombiniert mit Filzstift.

**TIPP**
Weiche Buntstifte verwischen leicht. Legen Sie beim Zeichnen ein Blatt unter Ihren Handballen oder arbeiten Sie als Rechtshänder von links oben nach rechts unten (Linkshänder umgekehrt). Dann liegt Ihre Hand immer auf der noch weißen Fläche des Blattes.

**GRUNDKURS**

## Zeichengrund

Am Anfang genügt sicher ganz normales weißes Papier oder ein einfacher Skizzenblock. Auch später, wenn man schon etwas fortgeschritten ist, kommt man mit Bleistift und Papier immer gut zurecht. Es gibt allerdings noch interessante gestalterische Varianten:

▶ Auf farbigem Papier kann man zum Beispiel mit Buntstiften schöne Ergebnisse erzielen (Seite 34/35, 54/55, 72ff.).

▶ Aquarellpapier, strukturierter Zeichenkarton, Pergamentpapier oder auch weiß grundierte Leinwand bieten zahlreiche weitere Möglichkeiten, Ihren kreativen Ideen Gestalt zu verleihen.

7

TIERE · Grundkurs

# LINIEN UND SCHRAFFUREN

Die Wirkung, die eine Zeichnung auf den Betrachter ausübt, wird in erster Linie davon geprägt, wie der Künstler Linien und Schraffuren einsetzt, denn jede Linie hat eine bestimmte Charakteristik. Außerdem wirkt jede Schraffurtechnik etwas anders. Deshalb sollten Zeichner wissen, wie man sie am besten einsetzt.

## Linien

Den Charakter einer Linie bestimmen Sie in erster Linie durch zwei Dinge: ob Sie schnell oder langsam zeichnen und wie viel Druck Sie dabei ausüben.

**TIPP**

Je schneller und schwungvoller eine Linie gezeichnet wird, umso persönlicher und „lebendiger" wirkt sie.

Diese Abbildung zeigt eine Linie, die sehr schnell und mit viel Druck gezeichnet wurde.

Hier sehen Sie eine Linie, für die wenig Druck verwendet wurde und die zudem recht zögerlich (gestrichelt) aufs Papier gesetzt wurde.

Diese Linie ist dagegen mit viel Druck, aber sehr kontrolliert gezeichnet. Das sieht man daran, dass die Enden der Linie nicht so spitz auslaufen wie links.

**INFO**

**ÜBERGÄNGE**

Bei Kugelschreiber- oder Tuschezeichnungen ist es wesentlich schwieriger, weiche Hell-Dunkel-Übergänge zu schaffen als mit Bleistiften, während es bei Kohlezeichnungen, aufgrund der Weichheit des Materials, eher einfacher geht.

## Schraffuren

Schraffuren dienen dazu, die Hell-Dunkelbereiche eines Motivs herauszuarbeiten, d.h. Licht und Schatten in einer Zeichnung zu verteilen. Erst durch die Schraffuren entsteht die dreidimensionale (räumliche) Wirkung eines Bildes. Im Praxisteil dieses Buches finden Sie hierzu zahlreiche Beispiele (Seite 28).
Grundsätzlich müssen Sie die folgenden Basistechniken kennen, die hier am Beispiel dieses stilisierten Vogels vorgestellt sind. Üben Sie diese Techniken, bis Sie sie sehr gut beherrschen. Am besten beginnen Sie zunächst mit ganz einfachen grafischen Formen wie Kreisen oder Quadraten.

LINIEN UND SCHRAFFUREN

## Parallelschraffuren

Bedecken Sie das Stück, das Sie schraffieren möchten, mit einfachen parallel verlaufenden Strichen. Damit der Eindruck einer gleichmäßig grauen Fläche entsteht, ist es wichtig, die Abstände zwischen den Strichen möglichst gleich zu halten. Zeichnen sie deshalb zunächst lieber etwas langsamer und kontrollierter. Sie werden sicher rasch besser und auch schneller.

## Kreuzschraffuren

Wie bei den Parallelschraffuren werden hier zunächst alle Striche parallel gesetzt. Um jedoch noch feinere Grauabstufungen zu bekommen, überdecken Sie die erste Schraffur durch eine (oder mehrere) aus anderen Richtungen. Dadurch wird dieser kreuzartig schraffierte Bereich weiter abgedunkelt.

## Formlinien

Formlinien sind Schraffuren, deren Linien parallel angeordnet sind und sich an die Formen des Gegenstandes, den Sie zeichnen, anpassen. Diese folgen dabei möglichst genau den Linien des Zeichenobjekts, sind also zum Beispiel gebogen oder geschwungen. Durch diese Art der Schraffur erhalten Sie einen hohen Grad an räumlicher Wirkung (Dreidimensionalität) in einer Zeichnung.

## Freie Schraffuren

Die Darstellung unten rechts zeigt noch eine weitere Schraffurtechnik. Schnell gezeichnet, d.h. fast gekritzelt wird ein Liniengeflecht angeordnet. Diese Art der Schraffur wirkt oft lebendiger und spontaner als eine kontrolliert gezeichnete Parallelschraffur.

GRUNDKURS

9

TIERE • Grundkurs

# LICHT UND SCHATTEN

Wie im Kapitel „Schraffuren" erläutert, kann man durch ganz bestimmte Arten von Linienstrukturen oder Liniengeflecht Flächen mit unterschiedlichen Grauabstufungen darstellen. Diese benötigt man, um den Eindruck von Licht und Schatten zu erzeugen, wodurch eine natürliche und dreidimensionale Darstellung eines Tieres überhaupt erst möglich wird. Licht und Schatten bedeutet jedoch auch, dass es irgendwo eine Lichtquelle geben muss. In dieser Grafik wird die Richtung, aus der das Licht kommt, durch einen Pfeil dargestellt. Zeichnen Sie diese Grafik zum besseren Verständnis von Licht und Schatten einmal nach und probieren Sie auch eigene Varianten aus.

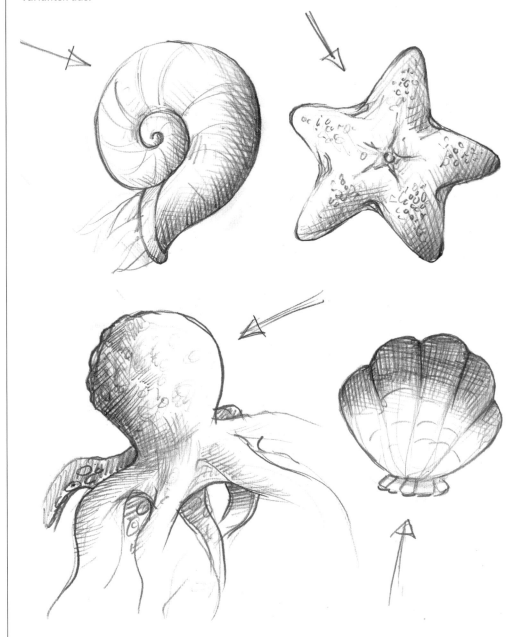

**TIPP**

Üben Sie den Umgang mit Hell und Dunkel, d.h. Licht und Schatten zunächst an ganz einfachen Motiven, wie zum Beispiel an Fischen oder Schnecken.

10

# RICHTIG SEHEN LERNEN

Das besondere Talent, das einen Künstler von anderen Menschen abhebt, hat der geniale italienische Maler und Bildhauer Michelangelo Buonarotti (1475–1564) einmal in ganz einfache Worte gefasst. Sinngemäß sagte er: „Das Bildnis eines Löwen aus Stein zu meißeln ist nicht schwierig. Man muss nur alles vom Stein wegschlagen, was nicht zum Löwen gehört." Im Prinzip gilt das für jede Kunst – auch für das Zeichnen von Tieren: Man muss sich auf das Wesentliche konzentrieren.

## Was ist wichtig?

Wie Sie in den beiden Abbildungen auf dieser Seite erkennen, wurde das Gesicht der neugierigen kleinen Katze hier mit sehr wenigen Strichen und einfachsten Grundformen gezeichnet. Trotzdem erkennen Sie nicht nur, dass es sich um ein Katzengesicht handelt – selbst die wichtigsten Charakterzüge lassen sich schon mit den geringsten Mitteln für immer festhalten.

▶ Einsteiger sollten solche Übungen zunächst mit einem Foto als Vorlage machen. Es ist viel leichter, die Grundzüge eines Gesichts aus einem Foto abzulesen – das gilt für Tiere ebenso wie für Menschen.

▶ Wenn das Porträt in Grundformen nicht auf Anhieb gelingt, ist das nicht weiter schlimm – versuchen es einfach noch ein paar Mal: Es geht von Versuch zu Versuch besser.

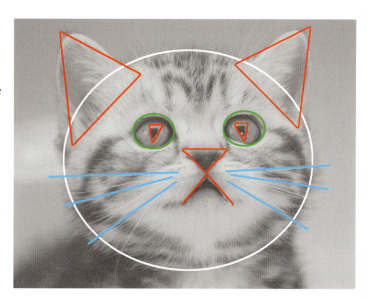

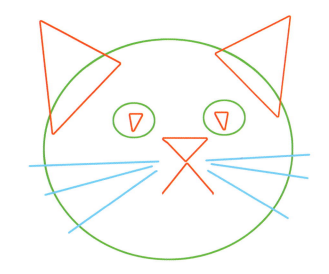

**GRUNDKURS**

**TIPP**
Wenn Sie diese Vorgehensweise zu verschiedenen Motiven üben, so oft Sie können, werden Sie rasch Fortschritte sehen.

# GRUNDAUFBAU

Um die Gestalt eines Tieres zeichnerisch gut zu erfassen, ist es wichtig, in mehreren Schritten vorzugehen. Versuchen Sie die wesentlichen charakteristischen Merkmale jedes einzelnen Tieres zu begreifen und diese als Grundaufbau mit wenigen gezielten Formen und Linien richtig aufs Papier zu bringen. Dazu werden die einzelnen „Bausteine" eines Tieres zunächst skizzenhaft vereinfacht, mit leichten Linien vorgezeichnet. Auf dieser Basis können Sie anschließend aufbauen und die Oberflächenstrukturen und feinen Details des Tiermotivs hinzufügen, was Ihnen in der Regel recht gut gelingen wird.

### Zeichnerische Grundelemente

Für den Grundaufbau greifen Sie auf einfachste geometrische Figuren zurück wie
- Kreise und Ovale (grün): für Köpfe, Nasen, Ohren usw.
- Dreiecke oder abgerundete/abgeflachte Dreiecke (rot): für Köpfe, Pfoten, Ohren usw.
- Einfache freie, „undefinierbare" Formen (blau): für Schwänze, Mähnen und Rüssel.
- Zylinder, gebogen oder gerundet (gelb): für Gliedmaßen, Hälse usw.

**TIPP**
Sehr schön lassen sich bei fast jedem Tier in Grundformen darstellen: Kopf, Ohren, Körper, obere Gliedmaßen, untere Gliedmaßen, Pfoten).

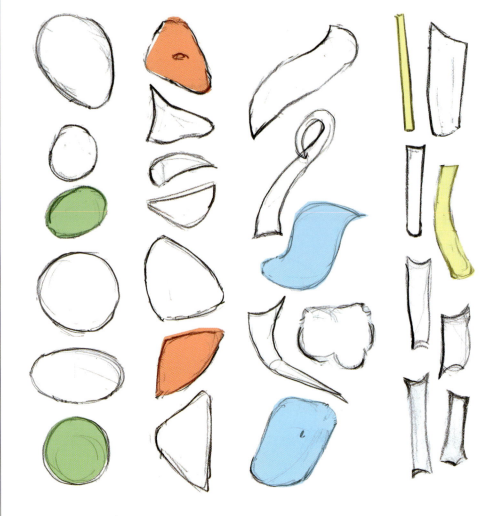

GRUNDAUFBAU

## Beginnen mit den Grundbausteinen

Die folgenden drei Abbildungen zeigen, wie Sie mithilfe dieser Formen eine Tierzeichnung beginnen. Hier sind zwei Tiere dargestellt, die Sie sofort als Elefant und Pferd erkennen, obwohl sie kaum zeichnerisch ausgestaltet sind. Erstaunlich ist hierbei, dass selbst die einfache Anatomie des Pferdes schon vermittelt, dass es sich hierbei um ein Fohlen handelt.

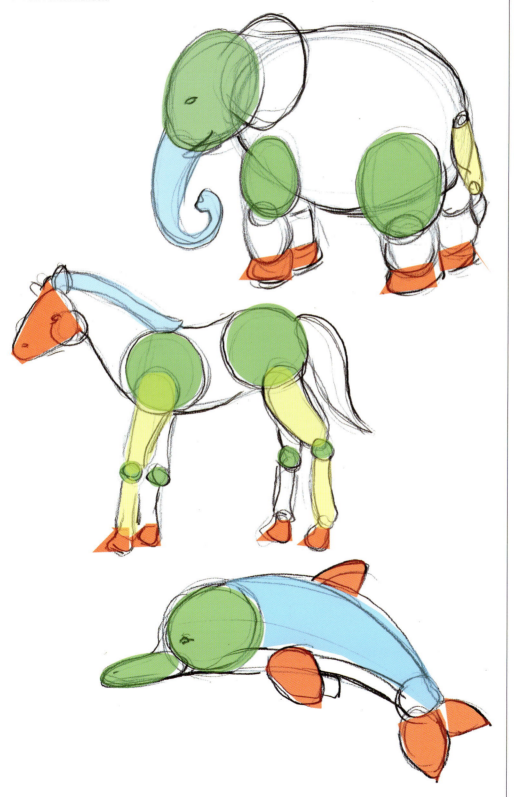

GRUNDKURS

13

TIERE • Grundkurs

# GRUNDFORMEN

Auf den nun folgenden Seiten können Sie anhand der ausgewählten Tiere sehen, wie anschaulich sich ganz unterschiedliche Tiere sich mit einfachen Grundformen in der Praxis darstellen lassen. Schon in dieser an sich sehr vereinfachten Darstellungsweise ist jedes Tier, sei es ein Papagei, eine Schildkröte, ein Känguru, ein Hirsch oder ein Walfisch sofort einwandfrei zu erkennen.

### Augen auf!

Das Geheimnis des Arbeitens mit Grundformen liegt darin, dass sich alles in der Natur auf Kegel, Kugel und Zylinder zurückführen lässt. Formuliert hat diese Sichtweise Paul Cezanne (1839 – 1906). Was für Bäume, Berge und Teiche gilt, gilt auch für so komplexe Lebewesen wie Tiere. Sie werden sehen, dass Sie schnell dazu übergehen werden, in jedem Tier die Grundformen zu erkennen – sowie den Bauplan, nach dem Sie es anschaulich zeichnen können.

**TIPP**
Beginnen Sie zunächst damit, einige der Tiere nach dem eingezeichneten Bauplan zu erkunden. Sie werden sehen, dass es am einfachsten ist mit Motiven wie dem Vogel oder dem Seestern auf dieser Seite zu beginnen. Etwas schwieriger wird es dann schon mit den Fischen (Seite 15 und Seite 19) usw. Vor allem Tiere in Bewegung wie die Katze auf Seite 15 oder der Affe auf Seite 17 sind schon sehr differenziert – jedoch ist es mit den Grundelementen relativ einfach, selbst solche grazilen Posen gut zu treffen.

**TIPP**
Achten Sie beim Zeichnen besonders darauf, dass die Proportionen, also die Anordnung der einzelnen Körperteile zueinander, stimmen. Denn nur so können Sie die Einzigartigkeit eines jeden Tieres wirklichkeitsnah abbilden.

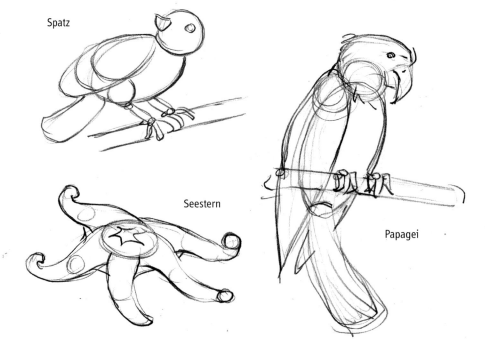

Spatz

Seestern

Papagei

### Vom Vorbild zum Motiv

Versuchen Sie, diese Tiere in der dargestellten Form nachzuzeichnen und beobachten Sie dabei, inwieweit Sie die vereinfachten Formen des jeweiligen Motivs verstehen.
Wer sich schon etwas sicherer fühlt, kann auch eigene Tiermotive in dieser Form zeichnen oder die dargestellten Tiere in anderen Posen zeichnen. Das erfordert jedoch schon etwas mehr Geschick.
Wer noch etwas unsicher ist, kann sich einzelne Motive auch auf DIN A4 vergrößert kopieren oder einscannen und vergrößert am Computer ausdrucken und nachzeichnen.

TIERE • Grundkurs

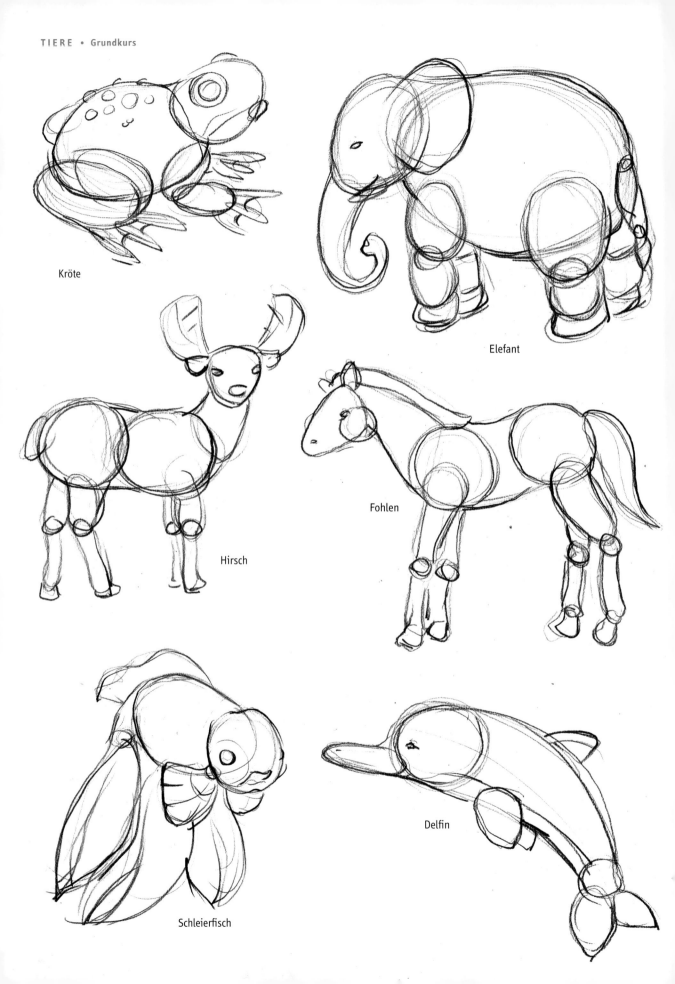

Kröte

Elefant

Hirsch

Fohlen

Schleierfisch

Delfin

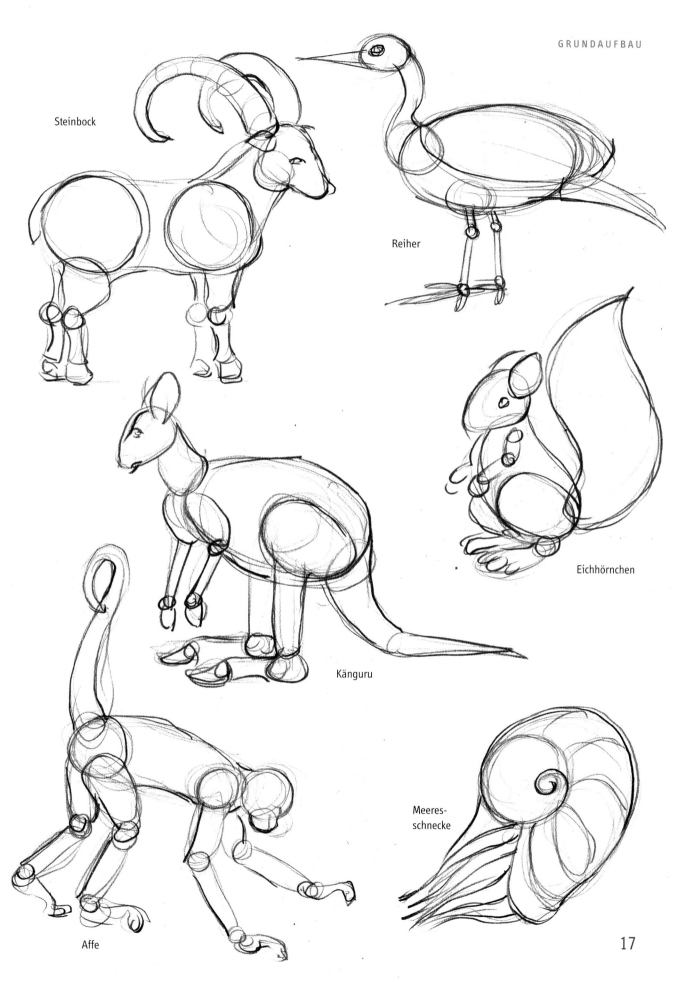

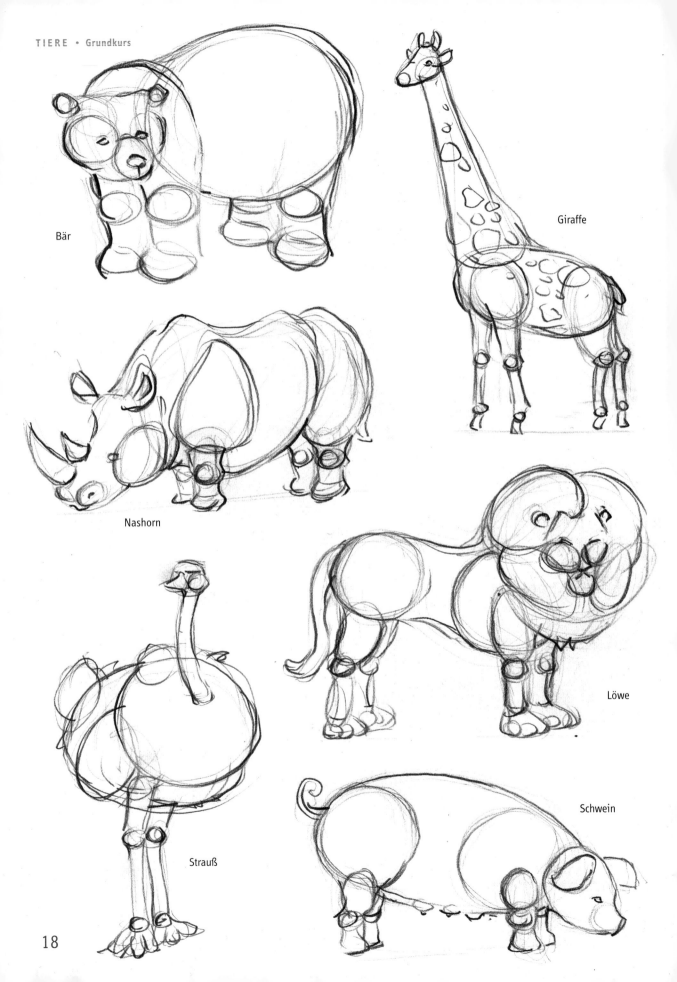

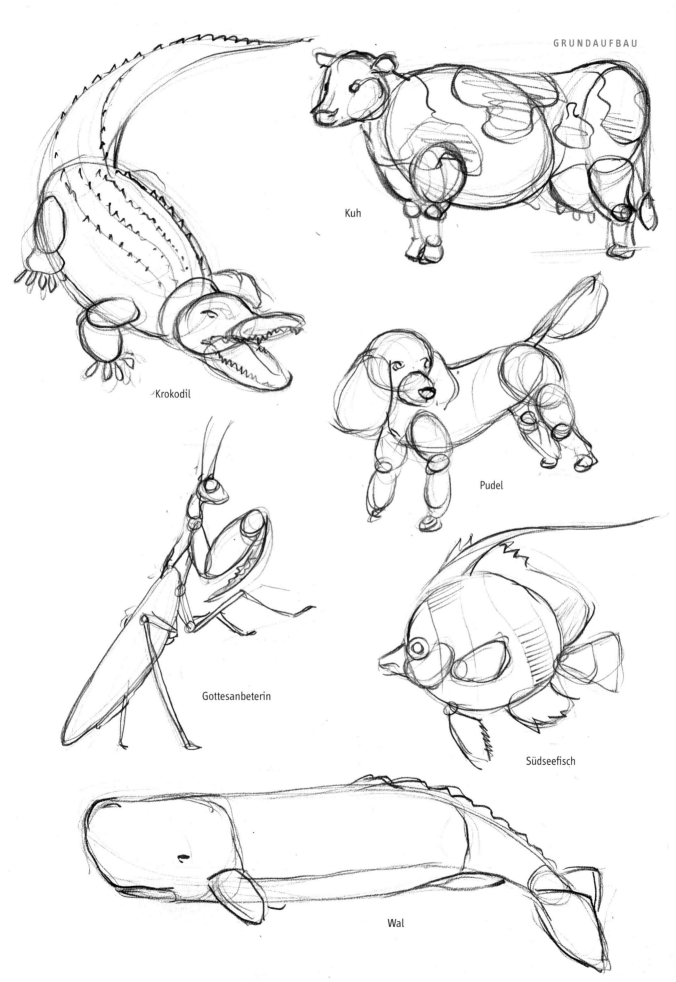

TIERE • Grundkurs

# STRUKTUREN UND OBERFLÄCHEN

Wer ein Tier zeichnen will, muss nicht nur dessen Anatomie richtig darstellen können – er sollte auch willens und fähig sein, den Charakter zu erfassen und in seiner Zeichnung zum Ausdruck zu bringen. Ein weiterer elementarer Bestandteil einer gelungenen Tierdarstellung ist die Art und Weise, wie Sie Fell, Panzer, Schuppen, Federn oder Behaarungen gestalten. Die Abbildung rechts zeigt verschiedene Beispiele hierfür. Üben Sie diese Details immer wieder, wenn Sie ein guter Tierzeichner werden möchten.

**TIPP**

Hinweise für besondere künstlerische Ansätze sowie für die Darstellung von Tiercharakteren finden Sie im hinteren Buchteil ab Seite 72.

## Typisch Tier!

Jede Tierart hat ihre ganz typische Körperbedeckung. So gehören Federn untrennbar zu Vögeln, Stacheln zu Igel und Stachelschwein, Schuppen zu Fischen usw. Jedes Tiermotiv gewinnt entscheidend, wenn Sie die typische Körperbedeckung möglichst genau treffen.

### In der Abbildung sehen Sie:

**TIPP**

Üben Sie die Strukturen alle auch in unterschiedlichen Kombinationen, da viele Tiere keine einheitliche Körperbedeckung tragen wie Haare + Horn oder Schuppen + Warzen.

**Kurzhaariges Fell**
Oben links sehen Sie, wie kurzes Fell durch breit angelegte Schraffuren mit kurzen Strichen und unterschiedlichem Zeichendruck entsteht.

**Langhaariges Fell**
Oben rechts sehen Sie, wie langes Fell durch lange, geschwungene Linien mit unterschiedlichem Zeichendruck entsteht.

**Borsten**
In der Mitte oben sehen Sie, wie Borsten durch ganz kurze, kräftige Striche mit viel Druck entstehen.

**Schuppen**
In der Mitte links sehen Sie, wie Schuppen durch eine ziegelartige Darstellung in Form von kleinen Halbovalen entstehen.

**Warzen**
In der Mitte rechts sehen Sie, wie Warzen durch Kringel in verschiedenen Größen, kombiniert mit feinen Schraffuren entstehen.

**Panzer**
Unten links sehen Sie, wie Panzer oder Hornplatten durch gestuft angeordnete abgerundete Rechtecke und feine Strukturlinien entstehen.

**Federn**
Unten rechts sehen Sie, wie Federn durch flammenartige Formen, kombiniert mit den typischen Federstrukturen und dem Mittelstrunk der einzelnen Federn entstehen.

STRUKTUREN UND OBERFLÄCHEN

TIERE • Grundkurs

# BILDVORLAGEN

Leider gibt es nur wenige Tiere, die so langsam sind oder sich so ruhig verhalten, dass man sie nach dem lebenden Vorbild zeichnen kann. Nutzen sie also den Moment, wenn ihre Katze gerade schläft oder ihr Hund gemütlich auf dem Sofa sitzt, um eine kleine Skizze zu machen.

### Gute Fotos machen

Viele Tiere, wie zum Beispiel ein Wal oder ein Bär in freier Wildbahn, sind in der Regel unerreichbar, so dass man sich mit einer Fotovorlage behelfen muss. Auch hier gibt es jedoch einige Dinge, welche die Arbeit erleichtern. Die folgende Grafik zeigt verschiedene Aspekte, die Sie dabei beachten sollten.

**INFO**
**SCHNELLIGKEIT**

Mit den heutigen leistungsstarken Digitalkameras ist es ein Leichtes, viele Bilder hintereinander aufzunehmen und zu Hause diejenigen zu löschen, die nicht gut sind. Machen Sie gerade von Tieren in Bewegung immer viele Fotos.

Oben links: So sieht eine ideale Fotovorlage aus. Die Katze ist groß, scharf und kontrastreich dargestellt.

Oben rechts: Das Bild ist leider unscharf. Wer nicht schon etwas Erfahrung hat, wird bei der Darstellung des Fells und der Details Probleme bekommen.

Unten links: Das Bild hat zu wenig Kontrast und ist farblich verfälscht. Es ist für den Zeichner schwierig nachzuempfinden, wie das Fell der Katze tatsächlich aussieht.

Unten rechts: Die Katze ist zu klein dargestellt. Es ist sehr schwierig, ein Motiv zeichnerisch hoch zu vergrößern. Wenn man das Motiv mit einem Kopierer oder am Computer vergrößert, wird es vermutlich sehr unscharf.

# ANATOMIE

Wer damit anfangen möchte, Tiere zu zeichnen, wird zunächst das, was er sieht, mit dem Stift festhalten wollen. Doch die äußere Form hat immer eine innere Entsprechung – die Anatomie. Sie brauchen keine detaillierten Kenntnisse, aber wenn Sie sich einmal mit dem Grundaufbau eines Skeletts oder der Verteilung der Muskeln vertraut gemacht haben, erhalten die Formen der Tiere einen anderen inneren Zusammenhalt für Sie und Sie sind fähig, die Gesetze des Körperbaus in der äußeren Form zu erkennen.

### So sieht es im Inneren aus

Die Abbildung unten zeigt Ihnen, wie das Skelett bei unterschiedlichen Tiergattungen aussieht.
Oben links: ein Hundeskelett als Beispiel für die Wirbeltiere
Darunter rechts: das Skelett einer Gans als Beispiel für die Vögel
Mitte Links: das Skelett eines Karpfen als Beispiel für die Fische
Unten links: das Skelett einer Eidechse als Beispiel für die Reptilien
Unten rechts: das Skelett eines Froschs als Beispiel für die Amphibien.

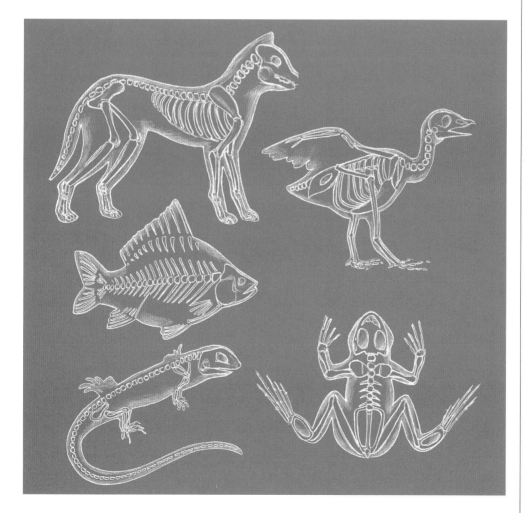

**GRUNDKURS**

**INFO**
**BEOBACHTEN**
Um sich tiefer in die Anatomie der Tiere hineinzudenken, ist es sehr hilfreich, einmal das eigene Haustier genau zu beobachten und sich vorzustellen, wie das Skelett aussieht.

# SKIZZEN

Für viele, die mit dem Zeichnen von Tieren beginnen wollen, ist es – wie auf den vorigen Seiten gezeigt – ziemlich leicht, ein Tier in seine Grundelemente zu zerlegen und daraus dann das Bild zu entwickeln. Diese an sich eher analytische Methode ist jedoch nicht der einzige Weg, den man einschlagen kann: Wer eher intuitiv veranlagt ist, sollte es einmal mit schnellen Skizzen probieren. Dabei macht es keinen Unterschied, ob Sie nach lebenden Vorbildern oder Fotos arbeiten. Diese Methode setzt jedoch gewisse Kenntnisse voraus, die Sie sich ab Seite 8 hier im Grundkurs aneignen können.

### Ideal zum Skizzieren – Kugelschreiber

Alle hier vorgestellten Skizzen wurden mit dem Kugelschreiber gezeichnet. Kugelschreiber sind das perfekte Handwerkszeug für schnelle Skizzen, da sie mühelos über das Papier gleiten. Man kann sich mit einem Kugelschreiber sein Motiv sozusagen „erkritzeln".

### So wird's gemacht

Lassen Sie den Kugelschreiber einfach „laufen", ohne ihn oft vom Papier abzusetzen. Arbeiten Sie bewusst sehr schnell und verlieren Sie sich nicht zu sehr in Details. Ferner ist es bei Skizzenblättern auch egal, wenn einzelne Motive ineinanderlaufen. Diese Blätter dienen nicht dazu, schön auszusehen, sondern sind wichtig, um Erkenntnisse daraus zu gewinnen.

> **INFO**
> **NICHT VERKRAMPFEN**
> Das wichtigste beim Skizzieren ist, dass Sie ohne den Anspruch, perfekte Bilder zu zeichnen an Ihre Motive herangehen: Neugier ist der Motor einer Skizze!

**DETAIL** (zu Seite 25)

Die Feinheit der Kugelschreiberlinien kommt den filigranen Gebilden eines Insektenkörpers entgegen. So kann man schnell skizziert selbst die kleinsten Details wie Fühler oder Härchen darstellen.

**DETAIL** (zu Seite 26)

Das Detail zeigt einen Ausschnitt aus dem Katzenfell. Man sieht hier sehr gut den schnellen Zeichenstil, der den Charakter dieser Skizzen prägt.

**DETAIL** (zu Seite 27)

Der Ausschnitt aus dem Kopf des kleinen Hundes zeigt sehr anschaulich, mit welch reduzierten Mitteln man hier arbeiten kann und dennoch ein Maximum an Ausdruck bekommt.

SKIZZEN

Hier sehen Sie einige Insekten-Skizzen, die mit Kugelschreiber gezeichnet wurden. Versuchen Sie diese oder andere Motive in derselben Technik nachzuzeichnen.

25

TIERE • Grundkurs

Hier sehen Sie einige Katzen-Skizzen, die mit Kugelschreiber gezeichnet wurden. Versuchen Sie diese oder andere Motive in derselben Technik nachzuzeichnen.

SKIZZEN

Hier sehen Sie einige Hunde-Skizzen, die mit Kugelschreiber gezeichnet wurden. Versuchen Sie diese oder andere Motive in derselben Technik nachzuzeichnen.

27

TIERE • Haustiere

## INFO

**MIT EINEM EINFACHEN MOTIV ANFANGEN**

Nehmen Sie sich für den Anfang zunächst ein einfacheres Motiv vor. Auf den folgenden Seiten sind die Zeichnungen nach Schwierigkeitsgraden und Arbeitsdauer eingestuft. Wenn Sie anfangs noch Probleme haben, dann vergrößern Sie sich einfach das Motiv mithilfe eines Computers oder eines Kopiergerätes. Später, wenn Sie schon etwas geübter sind, fällt es Ihnen bestimmt auch leichter, ein anspruchsvolleres Motiv zu zeichnen.

# HAUSTIERE

Selbst wenn man kein eigenes hat, sind Haustiere doch immer um uns herum: In der Stadt trifft man Hunde im Park, ist man zu Besuch bei Freunden, lernt man ihre Katzen oder Fische kennen, Kinder zeigen stolz Hamster, Wellensittich oder Meerschweinchen. Und nicht nur die Kleinen lieben Besuche im Streichelzoo oder Ferien auf dem Bauernhof. Dort, auf dem Land, sind Tiere aller Art ohnehin ein fester Bestandteil des täglichen Lebens. Jedes dieser Tiere, von der kleinen Springmaus bis hin zum ausgewachsenen Ochsen, hat seinen ganz eigenen Charakter, und es bereitet einfach Freude, sie zu beobachten. Es liegt also nahe, sich dem Thema Tier auch einmal künstlerisch zu nähern, und hierfür bieten sich Haustiere geradezu an, da man sie einerseits schon kennt und man andererseits auch schnell mal ein Foto machen und das Tier genauer studieren kann.

TIERE • Haustiere

# MEERSCHWEINCHEN

**SCHWIERIG-
KEITSGRAD**

**ZEITBEDARF**
ca. 40 Minuten

**MATERIAL**
- Bleistift
- weißes Papier

Ein Meerschweinchen ist ein sehr gutes Motiv für Anfänger. Denn seine Grundform ist relativ einfach zu erfassen und die Darstellung erfordert keine allzu großen anatomischen Kenntnisse. Auch halten sich die Details in Grenzen, so dass man sich schön auf die Besonderheiten wie Fell, Augen oder Nase konzentrieren kann.

**1** Zeichnen Sie als Erstes nur die groben Formen aufs Papier. Achten Sie dabei auf eine gute Einteilung des Motivs auf dem Papier.

**INFO
PERSPEKTIVE**

Zeichnen Sie das Meerschweinchen am besten zunächst von der Seite. Dadurch ersparen Sie sich die Schwierigkeiten bei der perspektivischen Darstellung z.B. des Gesichts.

**2** Setzen Sie zur besseren Orientierung schon jetzt das Auge und die Nase ein und beginnen Sie mit feinen Schraffuren.

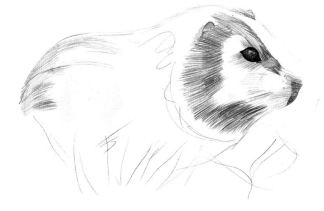

30

MEERSCHWEINCHEN

**3** Arbeiten Sie bei den Schraffuren immer in Fellrichtung. Dadurch entsteht schon sehr bald der Eindruck einer dichten Behaarung.

### TIPP
Variieren Sie beim Schraffieren den Druck auf den Stift. Dadurch wirkt das Fell lebendiger.

**4** Gestalten Sie das Fell weiter und zeichnen Sie nun auch das Stroh oder Gras, auf dem das Meerschweinchen steht, deutlicher ein.

**5** Am Ende fügen Sie noch ein paar kleine nette Details hinzu, wie z.B. die feinen Härchen an der Nase. Ein paar letzte kräftige Akzente runden das Bild ab.

### DETAIL
Hier können Sie die feinen Schraffuren rund um das Auge des Meerschweinchens gut erkennen.

31

TIERE • Haustiere

# HASE

**SCHWIERIG-
KEITSGRAD**

**ZEITBEDARF**
ca. 50 Minuten

**MATERIAL**
- Bleistifte verschiedener Härtegrade
- weißes Papier

Der Hase wirkt vom zeichnerischen Ansatz her gesehen zunächst ähnlich wie das Meerschweinchen: Die Augen sind ähnlich und auch die Fellstruktur ist vergleichbar. Jedoch ist der Körper des Hasen schon etwas komplexer. Besonders die Form der Ohren, aber auch die der Backen sind hier wichtig. Der Hase ist – trotz der etwas erhöhten Schwierigkeit – dennoch ein weiteres Motiv, das sich für den Einsteiger ins Thema Tiere zeichnen gut eignet.

**1** Machen Sie einen sorgfältigen Basisaufbau des Hasen. Achten Sie auf die Proportionen – vor allem auf das Verhältnis der Ohren zum Kopf (relativ klein) und zum Körper.

**2** Fügen Sie nun erste gröbere Schraffuren für das Fell ein. Zeichnen Sie hierbei ruhig etwas schneller und kraftvoller.

**INFO
MATERIAL**
Für die feineren Fellteile empfiehlt sich ein härterer Bleistift, für die borstigeren Stellen ein weicher Bleistift.

32

HASE

**3** Arbeiten Sie die Augen und die Nase des Hasen besser aus. Nehmen Sie für die Augen einen weicheren Bleistift, denn mit ihm lassen sich tiefere Grautöne erzielen.

**4** Damit das Fell etwas weicher wird, sollten nun weitere feinere Schraffuren eingearbeitet werden.

**5** Arbeiten Sie das Gesicht sorgfältig aus und setzen Sie am Ende einige dunkle, kräftige Akzente im Fell.

**TIPP**

Legen Sie bei der Arbeit mit dem weichen Bleistift ein Blatt Papier zwischen Ihren Handballen und die Zeichnung, damit nichts verschmiert.

**DETAIL**

Mit Bleistiften unterschiedlicher Härtegrade lässt sich das Fell leicht strukturieren.

33

TIERE • Haustiere

# KÜKEN

**SCHWIERIG-
KEITSGRAD**

**ZEITBEDARF**

ca. 40 Minuten

**MATERIAL**

- dunkelgraue, mittelgraue und weiße Buntstifte
- braun getöntes Papier

**INFO
GETÖNTES PAPIER**

Sie arbeiten hier nicht nur von Hell nach Dunkel wie mit Bleistift auf weißem Papier, sondern Sie können dabei auch helle Bereiche mithilfe des weißen Buntstifts hervorheben.

Das Küken ist ähnlich einfach zu zeichnen wie das Meerschweinchen. Um jedoch eine gestalterische Variante mit einzubringen und um den Schwierigkeitsgrad etwas anzuheben, wurde hier mit Buntstiften auf getöntem Papier gearbeitet.

**1** Legen Sie mit dem weißen und dem dunkelbraunen Buntstift die Grundformen des Kükens an.

**2** Fügen Sie erste leichte Schraffuren mit weißem Buntstift ein. Achten Sie auf die natürliche Struktur der feinen Federn.

34

KÜKEN

**3** Gehen Sie bei den Federn nun mehr und mehr ins Detail. Widmen Sie sich dann dem Auge.

**4** Arbeiten Sie nun die dunklen Bereiche mit dem dunkelbraunen Buntstift heraus.

### TIPP

Buntstifte brechen beim Spitzen leicht ab. Oft ist es besser, den Buntstift mit einem scharfen Messer zu spitzen, als mit einem „normalen" Spitzer.

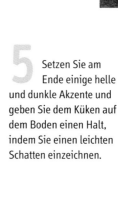

**5** Setzen Sie am Ende einige helle und dunkle Akzente und geben Sie dem Küken auf dem Boden einen Halt, indem Sie einen leichten Schatten einzeichnen.

### DETAIL

Hier sehen Sie den scharfen Kontrast zwischen den verschiedenen Buntstifttönen sowie die unterschiedlichen Schraffuren.

35

TIERE • Haustiere

# ZICKLEIN

**S C H W I E R I G -
K E I T S G R A D**

**Z E I T B E D A R F**
ca. 50 Minuten

**M A T E R I A L**
- Bleistifte verschiedener Härtegrade
- weißes Papier

Ein kleines Zicklein ist nicht nur ein nettes Motiv, sondern es ist auch ideal, um Ihre Fähigkeiten zur Darstellung von unterschiedlichem Fell weiter zu verbessern. Am Kopf, am Körper, an den Ohren und auch an den Beinen findet man hier ein Haarkleid mit ganz unterschiedlicher Beschaffenheit – von ganz kurzem weichem Fell bis hin zu langen kräftigen Borsten.

## INFO
### FRONTANSICHT

Die Darstellung eines Tiergesichtes direkt von vorne scheint auf den ersten Blick sehr einfach zu sein, sie hat aber auch Tücken. Achten Sie darauf, dass die Proportionen und Abstände im Gesicht stimmen. Benutzen Sie für den Grundaufbau des Gesichts feine Hilfslinien, wenn Sie noch etwas unsicher sind.

**1** Der Grundaufbau sollte auch bei diesem Motiv von Anfang an stimmen. Achten Sie besonders darauf, dass die Position des Kopfes zum Körper stimmt.

**2** Mit großflächigen Schraffuren sowie mit Strichen, die gezielt in Fellrichtung verlaufen, wird das Fell angelegt.

ZICKLEIN

**3** Für die feinen Schraffuren am Kopf empfiehlt es sich, einen etwas härteren Bleistift zu nehmen (z.B. HB). Dagegen lassen sich die dunklen Fellpartien an den Beinen mit einem weichen Bleistift gut darstellen.

**4** Arbeiten Sie nun das Gesicht des Tierbabys sorgsam aus. Der Eindruck, den das Zicklein macht, hängt stark davon ab, wie gut Sie die Augen und die kleine Schnauze darstellen.

**TIPP**

Üben Sie die verschiedenen Fellvarianten zunächst auf einem separaten Papier, um beim Zeichnen sicherer zu werden.

**5** Am Ende gehen Sie bei den Beinen mit einem weichen Bleistift ins Detail und setzen einige dunkle Akzente.

**DETAIL**

Hier erkennt man schön die etwas gröber und geschwungen angelegten Fellpartien im Bereich des Knies.

37

TIERE • Haustiere

# KATZENPORTRÄT

**SCHWIERIG-
KEITSGRAD**

**ZEITBEDARF**
ca. 60 Minuten

**MATERIAL**
- Bleistifte verschiedener Härtegrade
- weißes Papier

Katzen gehören neben Pferden sicher zu den Tieren, die am schwierigsten zu zeichnen sind. Ihre Eleganz und ihr individueller Charakter lassen sich nicht so einfach zu Papier bringen. Es bietet sich deshalb an, zunächst mit dem Porträt einer Katze anzufangen. Sie brauchen hierfür noch kein Wissen über den Körperbau und keine anatomischen Kenntnisse, können sich aber dennoch der Anmut der Katze widmen.

**1** Achten Sie bei der Grundkonstruktion des Gesichtes darauf, dass Augen, Nase und Maul in den richtigen Größenverhältnissen zueinander stehen und stimmig im Gesicht platziert sind. Benutzen Sie am besten feine Hilfslinien.

## INFO
**RASSEN**

Obwohl Katzen große Individualisten sind, spiegelt sich in ihnen – besonders bei Persern, Russisch Blau oder Vietnamesen – auch die Rassezugehörigkeit wider. Gerade dieses Spiel mit Rassestandards und Persönlichkeit gibt so manchem Porträt seinen besonderen Reiz.

**2** Arbeiten Sie schon bei den ersten Schraffuren in Fellrichtung, damit der Eindruck von Anfang an stimmt.

38

KATZENPORTRÄT

**3** Die Augen sind natürlich besonders wichtig für die Darstellung eines Katzengesichts. Arbeiten Sie die verschiedenen Bereiche der Augen (Iris, Pupille, Lichtreflexe) mit Bedacht aus.

**4** Nun können Sie auch die feineren Haare und das Muster im Fell gestalten.

### TIPP

Zeichnen Sie die Bereiche, welche in den Augen später als Lichtreflexe weiß erscheinen sollen, gleich von Anfang an mit ein.

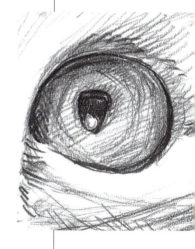

**5** Vertiefen Sie mit einem weichen Bleistift (3B) noch die dunkelsten Bereiche des Bildes, dann ist die Zeichnung auch schon fertig.

### DETAIL

Durch die feine Schraffur des Auges entsteht der intensive, neugierige Blick.

TIERE • Haustiere

# FOHLEN

**SCHWIERIG-
KEITSGRAD**

**ZEITBEDARF**

ca. 60 Minuten

**MATERIAL**

- Bleistifte verschiedener Härtegrade
- weißes Papier

Pferde setzen bei allen Menschen große Emotionen frei. Kinder sind schon alleine von der Existenz dieser fantastischen Lebewesen fasziniert. Und selbst Jugendliche und Erwachsene, die nicht selbst reiten, sind oft begeisterte Zuschauer bei Pferdesportereignissen. Pferde lassen sich von einem Zeichner nur schwer erfassen, da ihr Körperaufbau, ihre Bewegung und ihr Charakter viele Facetten aufweist. So ist es ähnlich wie bei Katzen am besten, wenn Sie zunächst mit einem Porträt anfangen und sich dann erst das ganze Tier erarbeiten.

## INFO
### JUNGE TIERE

Junge Tiere üben auf den Menschen immer eine ganz spezielle Anziehungskraft aus, doch man muss beim Zeichnen aufpassen: Sowohl die Anatomie als auch die kleinen Details sind oft noch völlig anders als bei einem ausgewachsenen Tier.

**1** Der Schwerpunkt des Grundaufbaus liegt bei Pferdeköpfen im Erfassen der jeweiligen Kopfform. Studieren Sie das Tier genau und analysieren Sie die Formen, bevor Sie die ersten Striche machen.

**2** Deuten Sie mit flächigen Schraffuren die ersten Schattenbereiche am Kopf des Fohlens an.

40

FOHLEN

**TIPP**

Wechseln Sie die Richtung, in der Sie schraffieren, immer wieder einmal, damit ein geschlossenes Liniengeflecht mit feinen Übergängen entsteht.

**3** Arbeiten Sie die Nase und die Nüstern sowie Maul und Auge detaillierter aus und zeichnen Sie auch die ersten feinen Linien der Mähne ein. Achten Sie darauf, dass die Linien in Richtung des Fells verlaufen.

**4** Arbeiten Sie die Schattenbereiche sauber heraus und zeichnen Sie auch das Gras im Vordergrund ein.

**5** Mit kräftigen Strichen zeichnen Sie zum Schluss die Mähne fertig und heben die Ohren noch dunkel hervor.

**DETAIL**

Der Ansatz des rechten Ohres zeigt das Aneinanderstoßen verschiedenen Schraffuren in diesem Bereich.

41

TIERE • Haustiere

# HUNDEPORTRÄT

**SCHWIERIG-
KEITSGRAD**

**ZEITBEDARF**
ca. 60 Minuten

**MATERIAL**
- Bleistifte verschiedener Härtegrade
- weißes Papier

Hunde sind sicher das beliebteste Haustier in Deutschland – für viele Menschen ein ständiger Begleiter durchs ganze Leben. Mit ihnen teilen wir Freud und Leid, gehen im Wald spazieren oder sitzen abends gemeinsam gemütlich auf dem Sofa. Warum also nicht einmal Bleistift und Papier nehmen und den eigenen Hund zeichnen? Das ist nicht nur eine schöne Erinnerung an gemeinsame Zeiten. Sie werden erstaunt sein, wie viel Neues Sie dabei noch an Ihrem eigenen Haustier entdecken.

**INFO
RASSEN**

Hunde sind vor allem für Stadtmenschen die Tiere, denen sie am häufigsten begegnen: vom winzigen Chihuahua bis zum riesigen Irischen Wolfshund, vom edlen Rassehund bis zum fröhlichen Mischling stellen Hunde einen eigenen Kosmos des Lebens dar.

**1** Berücksichtigen Sie schon beim Grundaufbau und bei den ersten Strichen die besondere Beschaffenheit des Fells und den Fall der Haare. Achten Sie auch auf eine genaue Positionierung der Augen.

**2** Flächige Schraffuren zeigen nun schon die ersten Fellbereiche. Gestalten Sie das Fell von Anfang an sowohl mit Schraffuren für die Haarstruktur als auch mit Schraffuren, die einfach nur dunkle Flächen zeigen.

HUNDEPORTRÄT

**3** Führen Sie diese Arbeit fort und zeichnen Sie mit einem weichen Bleistift Augen und Schnauze ein.

**TIPP**

Arbeiten Sie bei diesem Motiv von links nach rechts. Dadurch vermeiden Sie das Verschmieren durch die Handfläche (Linkshänder andersherum).

**4** Setzen Sie weiter helle und dunkle Schraffuren und sehen Sie oft auf die Vorlage (oder Ihr Modell), denn gerade am Kopf eines Hundes wechseln die Wuchsrichtung und auch der Typ der Haare oft.

**5** Setzen Sie mit einem weichen Bleistift (3B) noch dunkle Akzente und vervollständigen Sie das Bild mit den letzten Schraffuren.

**DETAIL**

Hier sehen Sie groß den Übergang zwischen der dunklen Schnauze und dem Maul sowie die feinen Härchen in diesem Bereich.

43

TIERE • Wildtiere

# WILDTIERE

Heute ist es relativ schwierig geworden, selbst einheimische Wildtiere in der freien Natur zu beobachten. So manches Kind hat noch nie ein Eichhörnchen, einen Fuchs oder einen Specht gesehen – von Luchsen oder Wildschweinen gar nicht zu reden. All diese Geschöpfe, die noch unseren Großeltern bekannt waren und die dem Menschen über Jahrtausende Zeichenvorlage und Inspirationsquelle waren, findet man heute am ehesten im Zoo. Tierparks sind natürlich auch die bestmögliche Gelegenheit, um Tiere wie Löwen, Bären oder Schlangen aus nächster Nähe zu studieren. Die einzige Einschränkung ist hierbei, dass sich Zootiere natürlich anders verhalten als Tiere in freier Wildbahn, was jedoch beim Zeichnen nicht ganz so relevant ist. Rein äußerlich und natürlich auch von der Anatomie her bleibt das Tier ja dasselbe.
Wer in Ruhe zuhause arbeiten möchte, für den empfiehlt es sich, im Zoo Fotos zu machen oder nach Bildern, z.B. im Internet, zu suchen.

## INFO
**VERHALTEN IM ZOO**

Vorsicht: Nicht jeder Zoo gestattet das Fotografieren und für manche Tiere ist der Blitz eines Fotoapparates nicht gut. Ein wahrer Tierfreund nimmt darauf Rücksicht.

TIERE • Wildtiere

# EISBÄREN

**SCHWIERIG-
KEITSGRAD**

**ZEITBEDARF**
ca. 45 Minuten

**MATERIAL**
- Bleistift
- weißes Papier

Vor allem kleine knuddelige Eisbärkinder brachen in den letzten Jahren so manchen Besucherrekord. Doch auch erwachsene Eisbären sind aufgrund ihrer gewaltigen Kraft und eleganten Gestalt ein tolles Motiv. Für den Zeichenanfänger sind sie gut geeignet, da sich der Körperaufbau relativ gut erarbeiten lässt.

**1** Zeichnen Sie zunächst den Grundaufbau der Tiere. Achten Sie dabei darauf, dass das Tierbaby im richtigen Größenverhältnis zum großen Bären steht.

**2** Mit leichten Schraffuren zeichnen Sie jetzt erste Schattenbereiche ins Fell. Vorsicht: Nicht zu stark aufdrücken. Ein Eisbär ist schließlich weiß!

**INFO
EISBÄREN
IM ZOO**
Eisbären kann man zum Beispiel in Berlin, Nürnberg, München oder Stuttgart im Zoo sehen.

EISBÄREN

**3** Gehen Sie bei dieser Arbeit mehr ins Detail. Mit kurzen kräftigen Strichen können Sie im Fell weitere Akzente setzen.

**4** Die beiden Beine des großen Eisbären liegen im Schatten und müssen deshalb noch deutlich dunkel vom restlichen Körper abgehoben werden.

**5** Zeichnen Sie noch einen dunklen Schatten unter die Tiere und verfeinern Sie die Schraffuren, bis das Bild fertig ist.

### TIPP

Zeichnen Sie den kleinen Eisbären im Kontrast zum großen etwas „wuscheliger". Das macht ihn niedlicher und entspricht auch den Proportionen und dem weicheren Fell eines Jungtiers.

### DETAIL

Hier sehen Sie deutlich den etwas wuscheligeren, lockereren Charakter der Schraffur beim Jungtier.

TIERE • Wildtiere

# ELEFANT

**SCHWIERIG-
KEITSGRAD**

**ZEITBEDARF**
ca. 60 Minuten

**MATERIAL**
- Bleistift
- weißes Papier

Ein Elefant ist ein in jeder Hinsicht faszinierendes Tier. Die Größe, das Gewicht, der lange Rüssel, die Ohren und die Stoßzähne machen ihn schon rein äußerlich zu einem der außergewöhnlichsten Lebewesen. Für den Zeichner ist er ein tolles Motiv. Das liegt nicht nur an seinem gewaltigen Aussehen oder gar an seiner symbolischen Bedeutung. Auch die rein technischen Aspekte der Zeichnung wollen gemeistert sein: Vor allem die lederartige Elefantenhaut eignet sich hervorragend als Vorlage, um Strukturen und Falten aller Art zu üben.

**1** Wie ungewöhnlich der Körperbau eines Elefanten ist, bemerken viele erst, wenn sie zum ersten Mal einen solchen Dickhäuter zeichnen. So ist der Kopf zum Beispiel viel kleiner und die Beine wesentlich dünner, als man meint. Studieren Sie den Elefanten gut und bauen Sie das Motiv dann sorgfältig aus Grundelementen auf.

## INFO
**ELEFANTEN**

Wer sich nur einmal näher mit Elefanten beschäftigt hat, den wird die Intelligenz und die sprichwörtliche Vorsicht dieser grauen Riesen für immer faszinieren: Wussten Sie, dass Arbeitselefanten im thailändisch-malaysischen Grenzgebiet 52 einzelne Befehle verstehen und ausführen können? Und das in beiden Landessprachen?

**2** Versuchen Sie schon bei den ersten Schraffuren, die Falten und Furchen in der Elefantenhaut mit einzubeziehen und mit darzustellen.

48

ELEFANT

**3** Die kleinen Augen, die Stoßzähne und die anderen Details am Kopf des Elefanten erfordern etwas Geschick. Gestalten Sie diese deshalb sorgfältig aus.

### TIPP

Arbeiten Sie gleichzeitig an mehreren Stellen des Bildes. Wenn Sie das Gefühl für eine bestimmte Struktur gerade „in den Fingern haben", dann können Sie diese auch gleich an weiteren Stellen anbringen.

**4** Gehen Sie nun in der Darstellung der einzelnen Elemente und der Haut weiter ins Detail. Gestalten Sie dann den Boden mit den einzelnen Grasbüscheln weiter aus.

**5** Zum Schluss lassen tiefere Falten im Rüssel sowie letzte Schatten das ganze Tier eindrucksvoller erscheinen.

### DETAIL

Hier erkennt man gut die verschiedenen Schichten der Falten unterhalb des Knies.

49

TIERE • Wildtiere

# ELEFANTENBABY

**SCHWIERIG-
KEITSGRAD**

**ZEITBEDARF**
ca. 40 Minuten

**MATERIAL**
- Bleistift
- weißes Papier

Ein Elefantenbaby ist eine ganz andere Aufgabe als ein erwachsener Elefant. Deshalb ist es sinnvoll, sich die Unterschiede einmal deutlich vor Augen zu führen: Im Gegensatz zum großen Elefanten ist beim jungen Elefanten die Haut noch deutlich glatter. Auch der Rüssel ist kürzer, während der Kopf im Verhältnis zum Körper noch groß erscheint.

**1** Schon einige wenige Striche reichen aus, um den Grundaufbau des kleinen Elefanten darzustellen.

### INFO
**ELEFANTEN**
Um Tierbabys in ihrem ganzen Charme darzustellen, ist ein behutsameres Zeichnen notwendig als bei erwachsenen Tieren. Alles an ihnen ist noch feiner, und zu kräftige schwarze Schraffuren zerstören schnell den kindlichen Eindruck.

**2** Arbeiten Sie nun die Schattenbereiche und die Details am Kopf mit feinen Schraffuren weiter heraus.

ELEFANTENBABY

**3** Auch die Bereiche unterhalb des Bauches können nun dunkler vom Rest des Körpers abgehoben werden.

**4** Führen Sie die Schraffurarbeiten am Körper und am Kopf weiter fort und beenden Sie die Detailarbeiten.

### TIPP

Arbeiten Sie langsam. Speziell bei der Darstellung von kleinen Tieren sollte man mit Fingerspitzengefühl vorgehen. Zu dunkle Stellen verderben den ganzen Eindruck.

**5** Am Ende können Sie noch den Boden mit Gras, Steinen oder was Ihnen noch in den Sinn kommt, nett gestalten.

### DETAIL

Hier sehen Sie, mit wie viel Sorgfalt das Auge des kleinen Elefanten gestaltet wurde: Die Form sollte genau stimmen.

51

TIERE • Wildtiere

# NILPFERDE

**SCHWIERIG-
KEITSGRAD**

**ZEITBEDARF**
ca. 60 Minuten

**MATERIAL**
- Bleistift
- weißes Papier

Nicht nur der Elefant beeindruckt durch seine Masse und seine außergewöhnliche Anatomie – auch das Nilpferd hat hier einiges zu bieten! Ein Körper wie eine Tonne, ein Maul, das sich erschreckend weit aufreißen lässt und im Gegensatz dazu winzig kleine Öhrchen sind – um nur wenige zu nennen –, einige der charakteristischsten Merkmale. Für den Zeichner bedeutet das kreative Herausforderung und Staunen über die Natur in einem.

**1** Teilen Sie sich Ihr Blatt gut ein, um die großen Volumen des Nilpferdkörpers beim Grundaufbau passend aufs Papier zu bekommen. Beachten Sie hierbei auch den deutlichen Größenunterschied zwischen Jungtier und Mutter.

## INFO
**GEFAHREN**

Nilpferde gehören trotz ihrer Masse und der trügerischen „Gemütlichkeit" zu den gefährlichsten Säugetieren auf unserer Erde. Jedes Jahr sterben mehr Menschen durch eine Nilpferdattacke als durch Angriffe von Haien.

**2** Erste Schraffuren machen schon die Licht- und Schattenbereiche auf den Körpern sichtbar.

52

NILPFERDE

**3** Führen Sie diese Schraffurarbeiten weiter fort. Arbeiten Sie auch nach und nach die großen dicken Falten am Kopf und an den Beinen mit ein.

### TIPP

Arbeiten Sie bei diesem Motiv von links nach rechts, da es eine starke Schraffurdichte hat und leicht verschmieren kann (Linkshänder andersherum).

**4** Stellen Sie die ganzen feinen Elemente am Kopf und am Hals des Tieres dar und betonen Sie den starken Kontrast zwischen Licht und Schatten.

**5** Arbeiten Sie auf dieselbe Art und Weise auch das kleine Nilpferd aus und zeichnen Sie einen passenden Boden, auf dem die Tiere stehen.

### DETAIL

Winzige Ohren und kleine Augen sind charakteristisch für Nilpferde, weshalb sie sorgfältig ausgearbeitet sein sollten.

53

TIERE • Wildtiere

# PANDABÄR

**SCHWIERIG-
KEITSGRAD**

**ZEITBEDARF**

ca. 45 Minuten

**MATERIAL**

- weißer und dunkelbrauner Buntstift
- ockerfarbenes Papier

Eigentlich ist ein Pandabär eine typische Vorlage für ein Motiv in Schwarz und Weiß, da ja seine gesamte optische Ausstrahlung auf diesem Kontrast beruht. Doch gerade deshalb ist eine Version, die neben dem üblichen Kontrast auch noch Farbe mit ins Spiel bringt, so interessant und lohnend.

**1** Zeichnen Sie mit dem dunkelbraunen Buntstift die Grundformen des Pandas und des Baumes. In der Darstellung wurde der Kontrast der Linien der Deutlichkeit halber verstärkt. In Ihrer Zeichnung sollten die Linien heller sein.

**2** Mit dem weißen Buntstift wird nun das Gesicht dicht und deckend schraffiert, während der Körper mit dem dunklen Buntstift großflächiger angelegt wird.

PANDABÄR

**3** Zeichnen Sie auch gleich den Baum mit der Astgabel, da er ein fester Bestandteil des Motivs ist.

**4** Führen Sie die Schraffuren fort und arbeiten Sie besonders die charakteristische Augenpartie des Tieres gut aus.

### TIPP

Studieren Sie an einem Baum, wie Rinde aussieht, und üben Sie diese Darstellung zunächst auf einem separaten Blatt.

**5** Etwas Laub im Hintergrund, der sorgfältig ausgearbeitete Bauch des Bären und auch die schöne Rindenstruktur des Astes runden die Zeichnung ab.

### DETAIL

Das Gesicht des Pandabären wurde mit wenigen, aber gezielt eingesetzten Schraffuren gestaltet.

55

TIERE • Besondere Tiermotive

# BESONDERE TIERMOTIVE

Tiere bieten Künstlern eine ungeheure Bandbreite an Motiven, Gestaltungsmöglichkeiten sowie spannende technischen Varianten, die weit über die einfache fotografische Darstellung eines Tieres hinausgehen. In diesem Kapitel finden Sie eine kleine Auswahl an Motiven, bei denen entweder das Motiv oder die Zeichentechnik ungewöhnlich ist. Denken Sie selbst einmal darüber nach, welche Tiere noch nicht so oft gezeichnet wurden, dennoch aber eine schöne Inspirationsquelle für außergewöhnliche Zeichnungen darstellen. Besonders auch unter den Insekten, Echsen, Meerestieren und Vögeln in all ihrer Arten- und Farbenvielfalt gibt es für den Zeichner noch vieles zu entdecken.

## INFO

### INSPIRATIONEN

Nehmen Sie auch einmal ein Tierlexikon oder ein anderes wissenschaftliches Werk über Tiere zur Hand und beschäftigen Sie sich mit den Tiergattungen. Angefangen mit den niederen Tieren, über Echsen und Fische, bis hin zu Reptilien, Vögeln und Säugetieren nimmt die Parade der Wunder kein Ende. Auch kann das Verständnis für die Biologie eines Lebewesens helfen, das Tier besser zu begreifen und die richtige Motivauswahl zu treffen. Oft kann man erst dann wirklich entscheiden, ob ein Tier sympathisch oder unsympathisch ist, wenn man weiß, wie es lebt.

TIERE • Besondere Tiermotive

# ECHSE

**SCHWIERIG-
KEITSGRAD**

**ZEITBEDARF**
ca. 30 Minuten

**MATERIAL**
- Kugelschreiber
- weißes Papier

Echsen und Reptilien wirken durch ihr Aussehen oft wie Boten aus der längst vergangenen Welt, in der die Dinosaurier noch die Erde beherrschten. Es fällt vielen Menschen schwer, sie zu mögen, und viele ekeln sich sogar vor ihnen. Doch in den letzten Jahren wurden kleinere Echsen und Reptilien als Haustier immer beliebter. Dem Zeichner bieten sie aufregende Formen und interessante Oberflächenstrukturen, weshalb sie als Motiv sehr zu empfehlen sind.

## INFO
**KUGEL-
SCHREIBER-
TECHNIK**

Ein Kugelschreiber eignet sich besonders gut zur Darstellung der schuppigen oder warzigen Echsenhaut, da er sehr weich übers Papier rollt – was diesen Formen sehr entgegenkommt. Aber aufgepasst: Kugelschreiber lässt sich nicht radieren.

**1** Wenn Sie mit dem Kugelschreiber als Handwerkszeug noch nicht gut vertraut sind, machen Sie den Grundaufbau besser mit einem Bleistift. Wer dagegen schon etwas geübter ist, kann auch gleich mit dem Kugelschreiber loslegen.

**2** Schraffuren, deren einzelne Striche mit größerem Abstand angelegt sind, wirken wie kleine schuppige Flächen. Versuchen Sie die Hand beim Zeichnen locker zu lassen.

ECHSE

**3** Gehen Sie nun auch bei den Gliedmaßen und beim Gesicht mehr ins Detail und versuchen Sie zeichnerisch die verschiedenen Oberflächen nachzuempfinden. Mit kleinen Kreisen erzielt man z.B. den Eindruck kleiner Warzen.

**4** Kombinieren und mischen Sie auch verschiedene Oberflächenstrukturen wie z.B. Warzen mit Schuppen oder Falten mit Hornelementen.

**5** Zeichnen Sie noch ein paar Feinheiten. Hören Sie dann besser zu früh auf als zu spät, da diese Art von Zeichnungen besser wirken, wenn sie noch weißes Papier „zum Atmen" haben.

**TIPP**

Prüfen Sie zunächst, ob Ihnen blauer Kugelschreiber oder schwarzer Kugelschreiber besser liegt und vor allem, ob auch die Mine noch gefüllt ist.

**DETAIL**

Die rau anmutende Wirkung des Halses entsteht durch das Mischen verschiedener Strukturen.

59

TIERE • Besondere Tiermotive

# LIBELLE

**SCHWIERIG-
KEITSGRAD**

**ZEITBEDARF**
ca. 45 Minuten

**MATERIAL**
- Bleistift
- weißes Papier

Die Tiergattung der Insekten gehört zu den spannendsten Gestaltungsfeldern überhaupt für einen Zeichner. Geflügelte Insekten verlocken mit der Transparenz der Flügel, die feine, mechanisch anmutende Anatomie eines Insektenkörpers oder die kleinen Hornplatten bei einem Käfer machen auch diese oft winzigen Lebewesen interessant. Doch die fotografisch genaue Darstellung – so reizvoll sie sein mag, ist nicht alles: Viele Designer ließen sich von der Natur z.B. auch zu neuen Entwürfen für Fahrzeuge oder Flugkörper inspirieren.

**1** Da man in der Regel mit den anatomischen Gegebenheiten von Insekten nicht so vertraut ist, bedeutet der Grundaufbau eine Herausforderung. Studieren Sie Ihr Motiv deshalb genau und bringen Sie auch die kleineren Elemente im Basisaufbau gleich mit ein.

**2** Arbeiten Sie mit ganz feinen Schraffuren erste Hell-Dunkel-Bereiche des Libellenkörpers heraus.

### INFO
**GELUNGENES COMEBACK**

Mit der Rückkehr der naturnahen Gärten – vor allem der Gärten mit einem Teich – hat sich auch der Bestand der Libellen vermehrt. So ist es heute keine Seltenheit mehr, diese schillernden Räuber bei ihren gewagten Flugkünsten zu bestaunen.

60

LIBELLE

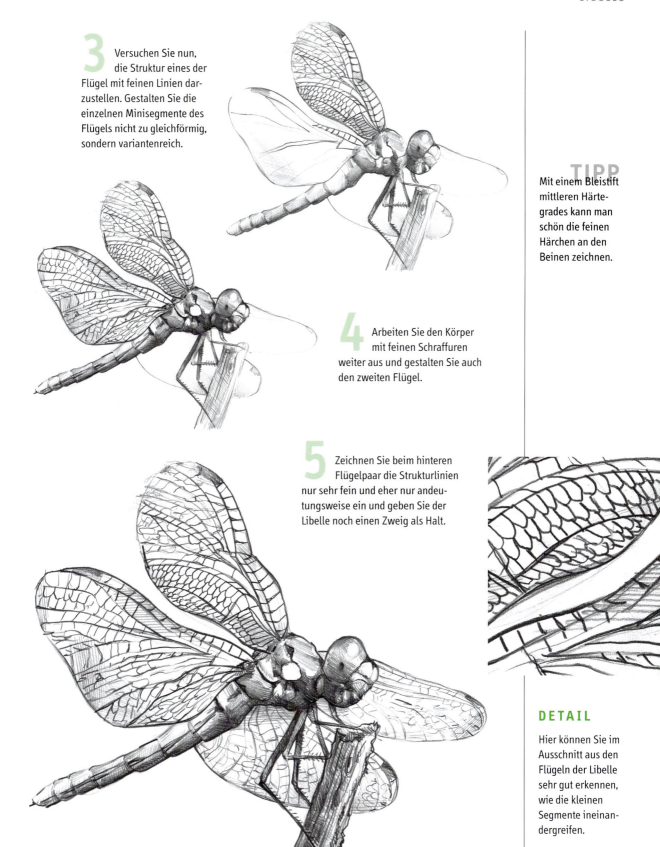

**3** Versuchen Sie nun, die Struktur eines der Flügel mit feinen Linien darzustellen. Gestalten Sie die einzelnen Minisegmente des Flügels nicht zu gleichförmig, sondern variantenreich.

**4** Arbeiten Sie den Körper mit feinen Schraffuren weiter aus und gestalten Sie auch den zweiten Flügel.

**5** Zeichnen Sie beim hinteren Flügelpaar die Strukturlinien nur sehr fein und eher nur andeutungsweise ein und geben Sie der Libelle noch einen Zweig als Halt.

### TIPP
Mit einem Bleistift mittleren Härtegrades kann man schön die feinen Härchen an den Beinen zeichnen.

### DETAIL
Hier können Sie im Ausschnitt aus den Flügeln der Libelle sehr gut erkennen, wie die kleinen Segmente ineinandergreifen.

61

TIERE • Besondere Tiermotive

# LÖWENPORTRÄT

**SCHWIERIG-
KEITSGRAD**

**ZEITBEDARF**
ca. 30 Minuten

**MATERIAL**
- Bleistift und Zeichenkohle
- weißes Papier

Der Löwe gilt als König der Tiere und diese Bezeichnung trägt er zu Recht. Kraft, Eleganz und Erhabenheit vereinen sich hier auf perfekte Art und Weise. Leider gibt es schon sehr viele Darstellungen von Löwen. Lassen Sie sich also etwas Neues einfallen für Ihr persönliches Löwenbild. In diesem Fall wurde das Porträt als lockere Kohleskizze entworfen.

### INFO
**KOHLE**
Zeichenkohle gibt es in verschiedenen Varianten. Manchmal ist sie fast vergleichbar mit einem weichen Bleistift, in anderen Fällen ist sie jedoch sehr grob, spröde und bricht leicht. Vergleichen Sie die verschiedenen Kohleformen und wählen Sie die für Sie beste aus.

**1** Zeichnen Sie zunächst mit dem Bleistift die Grundformen des Gesichts auf. Achten Sie auf eine richtige Anatomie. Die Stellung der Augen und die Größenverhältnisse sind bei einem Löwengesicht nicht einfach zu erfassen.

**2** Fügen Sie nun erste grobe Kohleschraffuren ein, um Augen, Fell und Mähne besser zu definieren.

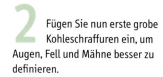

62

LÖWENPORTRÄT

**TIPP**

Mit der flachen Seite der Kohle kann man auch zeichnen und tolle Graueffekte erzielen.

**3** Arbeiten Sie dies weiter aus und beschäftigen Sie sich besonders mit der Struktur in der prächtigen Mähne des Löwen.

**4** Die Schraffuren sind deutlich von links unten nach rechts oben gerichtet. Dieser „Duktus" verleiht der Zeichnung etwas Persönliches.

**DETAIL**

Hier können Sie dieses charakteristische Detail an der Schnauze des Löwen besser erkennen.

**5** Arbeiten Sie einige Bereiche im Bild bewusst dunkel aus. Um einen guten Kontrast zu bekommen, lassen Sie dann noch viel weißes Papier stehen. So wird die Zeichnung lebendig.

Jeder Künstler, der sich die Technik des Zeichnens ausreichend angeeignet hat, spürt irgendwann den Wunsch in sich, etwas ganz Besonderes oder ganz Eigenes zu schaffen – Bilder mit eigenem Charakter, deren Stil die Persönlichkeit des Zeichners widerspiegelt. Diese Entwicklung dauert oft das gesamte Leben lang an. Im Grund kommt man nie ganz ans Ziel, da jede künstlerische Entwicklung fortschreitet, solange man lebt und solange man noch Interesse an neuen Gestaltungsformen hat.

Verknüpft ist diese Entwicklung auch immer mit der Suche nach neuen Ideen, wie man etwas technisch noch besser umsetzen kann, nach speziellen Farben oder nach neuen Formen. Das folgende Werkstatt-Kapitel bietet Ihnen hierzu einige Ansätze und zeigt Richtungen auf, in die man sich bei der Selbstfindung und der Suche nach dem eigenen Stil bewegen kann.

## LERNZIELE

▸ Im Vordergrund stehen Aspekte zur Umsetzung eines Motivs auf Papier – sowohl nach lebendem Modell als auch nach einem Foto.

▸ Tiere in Bewegung oder Bewegungsstudien sind ein Thema für geübte Zeichner. Wie Sie dabei am besten vorgehen und worauf es ankommt, wird an einem Beispiel erklärt.

▸ Die künstlerische Freiheit ist gerade bei der Gestaltung von Tierbildern sehr groß. In einem verkürzten Schritt-für-Schritt-Verfahren können Sie Ideen und genaue Anleitungen für zeichentechnische Varianten von drei Tiermotiven studieren. Wichtig ist dabei auch auf den Bildausschnitt eines Motivs zu achten.

▸ Wie in einer Galerie können Sie am Ende des Buches eine Sammlung unterschiedlichster Tierbilder betrachten, die Ihnen zeigen, wie Farben, Zeichengrund und Technik helfen, das Wesen eines Tieres eindrucksvoll auf Papier zu bannen.

# MIT EINEM VORBILD ARBEITEN

Wer ein Tier zeichnen möchte, muss sich darauf einstellen, dass das lebende Vorbild kein geduldiges oder belehrbares Gegenüber ist. Abgesehen von den wenigen ruhigeren, langsameren oder gerade schlafenden Wesen, sind Tieren meist in Bewegung. Viele sind sogar ausgesprochen lebhaft und hüpfen, rennen oder flitzen den ganzen Tag umher.

### Schnelles Zeichnen lernen

Der einzige Weg, sich zeichnerisch einem Tier zu nähern, ist also entweder zu warten, bis es schläft oder ruht, oder die eigene Arbeitsgeschwindigkeit dem Tier anzupassen.
Versuchen Sie einmal, mit sehr wenigen und schnell gezeichneten Strichen das festzuhalten, was Ihr Haustier gerade macht. Sie werden überrascht sein, dass hin und wieder, trotz oder gerade wegen der notwendigen Geschwindigkeit, dabei eine nette, spontane Studie entsteht.

**TIPP**

Um das Motiv besonders spannend zu gestalten wurde mit einem weißen Stift auf grauem Papier gezeichnet. Dies ist eine Technik, die oft – und je nach Papierfarbe – sehr effektvoll wirkt und interessante Nuancen ins Bild bringt.
Im Band Werkstatt Zeichnen Gothic wird auf diese Technik noch ausführlicher eingegangen.

### Eine Momentaufnahme

Die Abbildung links gibt die Pose und den Ausdruck der kleinen Katze mit wenigen, rasch hin gekritzelten Strichen wieder. Denken Sie daran, dass bei solch schnellen Studien überhaupt nicht der Anspruch besteht, bis ins letzte Detail zu gehen. Das Bild hält lediglich einen Moment fest.

## Das Auge schulen

Gut, wenn Sie Ihr Auge auf ein schnelles Erkennen der Proportionen eines Tieres schulen. Wie es beim Erlernen einer Sprache hilfreich ist, sich vorab ein gewisses Grundvokabular anzueignen, ist die Kenntnis des Grundaufbaus von Tieren beim Zeichnen hilfreich. Testen Sie Ihr Können doch einmal selbst: Beobachten Sie, wie schnell Sie etwa Folgendes erkennen
- Wie groß ist der Kopf eines Tieres im Verhältnis zu seinem Körper?
- Wie lang ist der Schwanz im Verhältnis zum Hals?

Je schneller Sie solche Zusammenhänge erfassen können, umso leichter tun Sie sich, diese auch anschaulich und naturgetreu zu Papier zu bringen

## Arbeiten nach Fotos

Da Tiere selten stillhalten, ist es oft am einfachsten, nach einem Foto zu arbeiten. Beim Übertragen eines fotografierten Motivs auf Papier gibt es mehrere Vorgehensweisen.

- Die einfachste Methode ist, sich das Motiv in der entsprechenden Größe auszudrucken und die Umrisse abzupausen. Dabei lernen Sie allerdings nicht besonders viel. Wer jedoch wenig Zeit hat, findet im Abpausen eine durchaus funktionierende Hilfe.

- Bei der Rastermethode zeichnen Sie auf eine Fotokopie des gewählten Motivs einfach ein gleichmäßiges, feines Raster auf – zum Beispiel im Abstand von 1,5 Zentimetern. Dann übertragen Sie dieses Raster mit ganz feinen, fast unsichtbaren Linien auf einen Bogen Papier. Anschließend können Sie Rastersegment für Rastersegment die Umrisslinien von der Fotokopie frei Hand auf das Papier übertragen.

- Wer sich allerdings wirklich schnell verbessern möchte und wer entsprechend Zeit und Muße mitbringt, sollte versuchen, das Motiv einfach frei Hand, d.h. ohne Raster oder Lineal abzuzeichnen. Aus den Fehlern, die Sie dabei unweigerlich machen, lernen Sie wirklich etwas und schulen automatisch das Auge dabei.

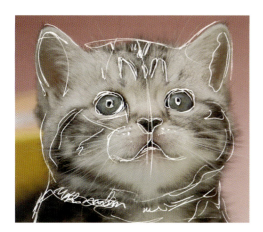 

### INFO
**PRAKTISCHE HILFEN**

Das Arbeiten mit einem Raster ist eine Methode, die sich leicht lernen lässt und die in der Praxis ein wertvolles Hilfsmittel ist, da man so Motive jeder Größe auf sein Zeichenpapier bringt.

# TIERE IN BEWEGUNG

Das Zeichnen von Tieren in Bewegung ist die hohe Schule der grafischen Kunst, denn es erfordert nicht nur viel zeichnerisches Wissen, sondern auch anatomische, sowie artenspezifische Kenntnisse. Anhand der folgenden Grafiken wird dies am Beispiel eines Pferdes in Bewegung gezeigt.

### Grundaufbau

Die rein formale Vorgehensweise beim Zeichnen der Motive entspricht der des Grundkurses, nämlich dem Erfassen des Tieres in seinen verschiedenen Bewegungen anhand seiner Grundbausteine. Dies wird im ersten Schritt der Studien deutlich, bei dem die einzelnen Grundelemente noch sichtbar sind.
Im zweiten Schritt wurden dann, ebenfalls analog der Grundkursthemen, Licht und Schatten, sowie vereinzelte Fell- und Haarstrukturen eingezeichnet.

### Bewegungsabläufe

Die besten Erkenntnisse über den genauen Ablauf einer Bewegung bieten jedoch nur Fotosequenzen eines Tieres oder Filmmaterial. Die moderne Computertechnologie bietet hier vielfältige Möglichkeiten, sich zu informieren. Recherchen nach entsprechendem Material sind über Suchseiten heutzutage sehr einfach und Sie finden auch frei verfügbares Filmmaterial, das Sie Bild für Bild über die entsprechenden Video Player abspielen, studieren oder auch einfach ausdrucken können.

**TIPP**
Bewegungen sehen am schönsten auf dem Blatt aus, wenn sie leicht wirken. Dies ist aber nur durch eine gewisse Begeisterung beim Üben der Darstellung zu erreichen.

TIERE IN BEWEGUNG

**WERKSTATT**

**WERKSTATT-TIPPS**

- Nehmen Sie sich für den Anfang kein zu schwieriges Tier vor, wenn Sie Tiere in Bewegung studieren möchten. Es ist viel einfacher die Bewegungen eines Hundes zu begreifen, als die eines Pferdes oder Vogels, da jeder von uns schon gesehen hat, wie ein Hund sich beim Trotten, Laufen oder Schleichen bewegt.

- Die meisten Digitalkameras und Handys bieten heute die Möglichkeit, kurze Filmsequenzen aufzunehmen. Nutzen Sie die Technik, um das gewünschte Tier zu studieren.

- Möchten Sie ein Tier zeichnen, das nicht so einfach greifbar ist (z.B. ein Manta, ein Hai oder ein Wal), dann überlegen Sie sich, wo Sie entsprechendes Film- und Bildmaterial dazu finden. Dabei bieten sich nicht nur wissenschaftliche Werke an, sondern auch Spielfilme mit entsprechenden Szenen.

69

TIERE • Werkstatt

# BESONDERE MOTIVE UND TECHNIKEN

Wer Tiere mit künstlerischem Blick betrachtet, wird die rein fotografische Darstellung eines Motivs bald überwinden wollen. Um das Wesen einer Tierpersönlichkeit überzeugend darzustellen, spielen Formen und Farben eine entscheidende Rolle. Wie man sie einsetzen kann, um überraschende Effekte und Aussagen zu erzielen, sehen Sie nun anhand dreier Beispiele.

### Kamel

Diese Darstellung zeigt ein sehr frei und locker gezeichnetes Kamel. Es geht nicht darum, jede einzelne Faser des Fells oder jedes Detail des Gesichts zu zeigen. Der Körper, die Beine, die Höcker, der Hals und der Kopf sind aus einem kompakten, schnell gezeichneten Liniengeflecht gewachsen. Man hat den Eindruck, als würde die Hitze der Wüste in diesem Bild flimmern.

### INFO

**SCHNELL, NICHT SCHWER UND EFFEKTVOLL**

Für dieses Bild brauchen Sie einen Bleistift und weißes Papier im Format DIN A4. Es hat einen mittleren Schwierigkeitsgrad und Sie benötigen nur etwa 10 Minuten Zeit.

**1** Zeichnen Sie mit wenigen Strichen den Grundaufbau des Kamelkörpers. Achten Sie darauf, den Papierbogen richtig einzuteilen.

**2** Machen Sie nun erste schnelle freie Schraffuren, ohne zu sehr auf Randbegrenzungen oder die Schraffurrichtung Wert zu legen.

70

BESONDERE MOTIVE UND TECHNIKEN

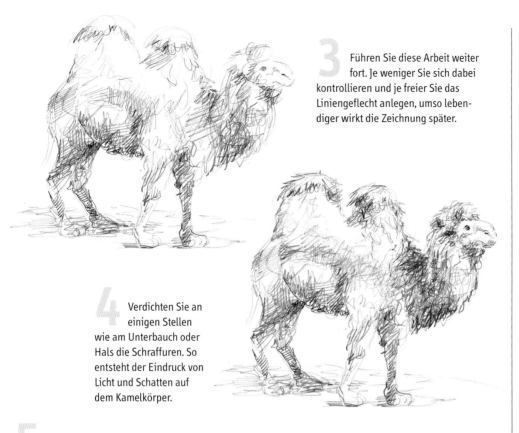

**3** Führen Sie diese Arbeit weiter fort. Je weniger Sie sich dabei kontrollieren und je freier Sie das Liniengeflecht anlegen, umso lebendiger wirkt die Zeichnung später.

**4** Verdichten Sie an einigen Stellen wie am Unterbauch oder Hals die Schraffuren. So entsteht der Eindruck von Licht und Schatten auf dem Kamelkörper.

**5** Beenden Sie die Arbeit, indem Sie letzte dunkle Akzente setzen. Hören Sie lieber etwas zu früh auf, als zu spät, denn Zeichnungen dieser Art sind sehr schnell kaputt gezeichnet.

### DETAIL

An diesem Detail sieht man sehr schön, wie mit wenigen Strichen das Gesicht des Kamels dargestellt wurde.

71

TIERE • Werkstatt

## INFO
### TANZEN UND SCHWEBEN

Für dieses Bild brauchen Sie einen weichen weißen Buntstift und blau getönten Zeichenkarton im Format DIN A4. Es ist leicht zu zeichnen, doch Sie benötigen etwa 40 Minuten.

## Quallen

Diese Quallen mögen ein überraschendes Motiv sein, da der eine oder andere schon schlechte Erfahrungen mit diesen Meeresbewohnern gemacht hat. Betrachtet man sie jedoch mit den Augen des Künstlers, so öffnet sich eine zauberhafte Formen- und Farbenwelt, die an Leichtigkeit kaum zu überbieten ist.

Diese blaue Darstellung zeigt eine Formation mehrerer Quallen, die aufgrund der unterschiedlichen Perspektiven wie ein sonderbares, willkürlich erscheinendes Muster wirken. Dennoch versteht man sofort, was gemeint ist.

**1** Zeichnen Sie mit dem weißen Buntstift die einfachen Grundformen mehrerer Quallen auf ein kräftig blaues Papier oder einen Zeichenkarton.

**2** Schraffieren Sie nun mit demselben Stift und mittlerem Zeichendruck einige größere Flächen der transparenten Tiere.

72

BESONDERE MOTIVE UND TECHNIKEN

**3** Arbeiten Sie dann mit größerem Zeichendruck erste Details aus den Quallenkörpern weiß heraus. Gehen Sie dabei behutsam vor, denn Buntstift, speziell auf farbigem Karton, lässt sich nur sehr schwer radieren.

**4** Führen Sie diese Arbeit behutsam weiter fort. Arbeiten Sie besonders die Randbereiche der Tiere als Abgrenzung zum Blau gut aus.

**5** Zeichnen Sie am Ende noch einige Details ein und setzen Sie helle Akzente. Das Blau des Papiers lassen Sie einfach als Untergrund stehen.

### DETAIL

In diesem Detail erkennt man gut die feinen weißen Schraffuren, die den Quallenkörper darstellen.

73

TIERE • Werkstatt

## INFO
**PRACHTVOLLE DIVA**

Für dieses Bild brauchen Sie Buntstifte und weißes Papier im Format DIN A4. Es hat einen mittleren Schweregrad und Sie benötigen etwa 45 Minuten.

## Pfau

Ein Pfau ist dank seiner natürlichen Farbenpracht, seines expressiven Äußeren und seines extrovertierten Auftretens schon an sich ein lebendes Kunstwerk. Wie kann man also diesem Naturkunstwerk zeichnerisch gerecht werden, ohne an der Vorgabe durch die Natur zu scheitern?

Dazu gibt es mehrere Mittel, wie zum Beispiel:
1. einen speziellen Bildausschnitt
2. eine besondere Farbgebung, nicht der Natur entsprechend
3. eine ungewöhnliche Technik, wie in diesem Fall durch flächig aneinander stoßende Buntstiftschraffuren.
Übertreffen Sie den Pfau in seiner Eitelkeit und haben Sie Mut zu neuen Gestaltungswegen, dann wird ihnen auch ein solches Motiv gelingen.

**1** Auch bei diesem Motiv dient ein einfacher Grundaufbau als Grundlage. In diesem Fall ist der Bildausschnitt so eng gewählt, dass das Pfauenmotiv nach allen Seiten angeschnitten ist.

**2** Zeichnen Sie nun erste flächenartig angeordnete Schraffuren. Wichtig ist, dass die Farben gerade nicht den natürlichen Farben des Pfaus entsprechen.

74

BESONDERE MOTIVE UND TECHNIKEN

**3** Führen Sie diese Arbeit weiter fort und nehmen Sie immer neue Farben hinzu.

**4** Zeichnen Sie dann die kleinen Details am Kopf und am feinen Gefieder des Tieres ein.

**5** Beenden Sie die Arbeit, indem Sie die Augen auf dem Gefieder des Pfaus noch konkreter herausarbeiten. Bleiben Sie jedoch auch hierbei locker und gehen Sie nicht zu sehr ins Detail. Lassen Sie noch genügend weißes Papier stehen, damit das Motiv „atmen" kann.

### DETAIL

Hier sieht man gut, wie die verschiedenfarbigen Schraffuren am Körper des Pfaus unvermittelt aneinanderstoßen.

TIERE • Werkstatt

# DER EIGENE STIL

Auf den folgenden Seiten sehen Sie weitere Varianten für besondere Tierdarstellungen. Wenn Sie die Techniken der einzelnen Bilder genauer studieren möchten, vergrößern Sie die jeweilige Tierdarstellung am besten per Computer oder Kopiergerät oder versuchen Sie die Detaildarstellungen nachzuvollziehen.

**GORILLA**

**MATERIAL**
weißer und dunkelbrauner Buntstift auf strukturiertem, braunem Papier

**SCHWIERIGKEITSGRAD**

**ZEITBEDARF**
ca. 50 Minuten

76

DER EIGENE STIL

**VOGEL**

**MATERIAL**
weiche Kreidestifte
auf türkisfarbenem
Karton

**SCHWIERIG-
KEITSGRAD**

**ZEITBEDARF**
ca. 40 Minuten

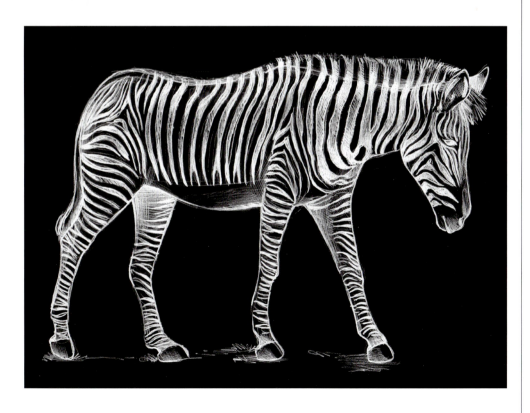

**ZEBRA**

**MATERIAL**
weißer Kreidestift
(weich) auf
schwarzem Papier

**SCHWIERIG-
KEITSGRAD**

**ZEITBEDARF**
ca. 45 Minuten

TIERE • Werkstatt

## SCHILD-KRÖTE

**MATERIAL**
schwarze Acrylfarbe auf weißem Karton

**SCHWIERIG-KEITSGRAD**
✏️

**ZEITBEDARF**
ca. 15 Minuten

## BÄR

**MATERIAL**
weißer und dunkelbrauner Buntstift auf Beige farbigem Papier

**SCHWIERIG-KEITSGRAD**
✏️✏️

**ZEITBEDARF**
ca. 50 Minuten

## Im Detail

Die fünf Tiermotive auf den Seiten 76 - 78 zeigen einen ersten Blick in die Vielfalt der unterschiedlichen Stilmittel. Alle diese eindrucksvollen Tierbilder sind jedoch auch schon für (geübte) Anfänger zu meistern, wenn man weiß, wie es geht. Die Details auf dieser Seite zeigen Ihnen deshalb, worauf Sie beim Arbeiten jeweils achten sollten.

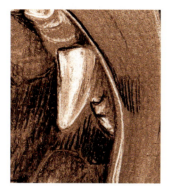

**DETAIL** zu Motiv auf S. 76

Hier sieht man schön, wie mit weißem und dunkelbraunem Buntstift die Details im weit aufgerissenen Mund des schreienden Gorillas gezeichnet wurden. Es reichen schon wenige gezielt eingesetzte Striche, um diese Ansicht darzustellen.

**DETAIL** zu Motiv auf S. 77

Dieser Vogel wurde mit einer ganz freien Technik und mit ungeordneten Schraffuren gezeichnet. Das Detail zeigt sehr gut den expressiven Charakter, der durch die Farbgebung und das schnelle Zeichnen erzielt wurde.

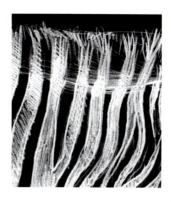

**DETAIL** zu Motiv auf S. 77

Eine interessante Technik ist das Zeichnen mit weißem Stift auf schwarzem Papier. Ausführlicher wird dies in „Werkstatt Zeichnen Gothic" beschrieben. Der Ausschnitt zeigt die feinen Linien am oberen Rand der kurzen Mähne des Zebras.

**DETAIL** zu Motiv auf S. 78

Besonders in Japan ist der Pinsel ein beliebtes Zeichenwerkzeug und auch für grafische Gestaltungen. Versuchen Sie, ein Tier mit wenigen Pinselstrichen darzustellen. Tusche und Wasserfarben eignen sich besonders gut, aber auch Acryl- oder Ölfarbe kann man verwenden.

**DETAIL** zu Motiv auf S. 78

Der Ausschnitt zeigt einen Bereich am Rücken des Bären. Der zarte hellere Ton auf dem farbigen Papier entsteht, wenn Sie weiße Buntstiftfarbe mit einem Messer abschaben und dann mit dem Finger an der entsprechenden Stelle verreiben.

**TIPP**

Wer die verschiedenen Techniken der Motive ab Seite 76 besser kennenlernen möchte, dem helfen diese Detailbilder weiter. Üben Sie zunächst einmal nur diese Details, bis Sie die Technik des jeweiligen Motivs ganz verstanden haben.

TIERE • Werkstatt

# ÜBER DIESES BUCH

### DER AUTOR UND ZEICHNER

Der Autor, geboren 1967 in Stuttgart, ist unter seinem Künstlernamen Gecko Keck längst aus der kreativen Szene Deutschlands nicht mehr wegzudenken. Schon 1989 gründete er eine Agentur für Karikatur und Illustration und lernte dann als Grafiker den Alltag in der Produktion kennen. Seit 1993 ist er wieder selbstständig und hat mehr als 5.000 Entwurfszeichnungen und über 300 Modelle für heiß begehrte Sammelprodukte gefertigt sowie an Produkten zu allen großen Lizenzen wie „Herr der Ringe", „Asterix", „Tabaluga", „Sendung mit der Maus", „Peanuts", „Incredibles", „Harry Potter", „SpongeBob", „Bob der Baumeister" und „Winnie Pooh" mitgearbeitet. 1998 eröffnete er eine eigene Kunstgalerie in Stuttgart (Malerei, Grafik, Skulpturen) und veröffentlichte sein erstes Buch „Comic-Zeichnen für Einsteiger" im frechverlag.
Seit 2003 veröffentlicht er im Kieselsteiner Verlag überwiegend Kinderbücher und gibt Kurse zum Thema Malen und Zeichnen u. a. auf der Insel Elba.

Hilfestellung zu allen Fragen, die Materialien und Bücher betreffen:
Frau Erika Noll berät Sie. Rufen Sie an: 0 50 52/91 18 58*　　　*normale Telefongebühren

FOTOS: frechverlag GmbH, 70499 Stuttgart; Fotostudio Ullrich & Co., Renningen (Seite 6 unten, 7); lichtpunkt, Michael Ruder, Stuttgart (S. 6 oben); Gecko Keck (restliche Fotos)
PROJEKTLEITUNG: Dr. Christiane Voigt
PROJEKTMANAGEMENT UND LEKTORAT: Verena Zemme
UMSCHLAGGESTALTUNG: Heike Wenger
LAYOUT: Petra Theilfarth
DRUCK UND BINDUNG: L.E.G.O. S.p.A., Vicenza, Italien

Materialangaben und Arbeitshinweise in diesem Buch wurden von dem Autor und den Mitarbeitern des Verlags sorgfältig geprüft. Eine Garantie wird jedoch nicht übernommen. Autor und Verlag können für eventuell auftretende Fehler oder Schäden nicht haftbar gemacht werden. Das Werk und die darin gezeigten Modelle sind urheberrechtlich geschützt. Die Vervielfältigung und Verbreitung ist, außer für private, nicht kommerzielle Zwecke, untersagt und wird zivil- und strafrechtlich verfolgt. Dies gilt insbesondere für eine Verbreitung des Werkes durch Fotokopien, Film, Funk und Fernsehen, elektronische Medien und Internet sowie für eine gewerbliche Nutzung der gezeigten Modelle. Bei Verwendung im Unterricht und in Kursen ist auf dieses Buch hinzuweisen.

| Auflage: | 7. | 6. | 5. | 4. | 3. | |
|---|---|---|---|---|---|---|
| Jahr: | 2014 | 2013 | 2012 | 2011 | 2010 | [Letzte Zahlen maßgebend] |

ISBN 978-3-7724-6237-5

© 2009 **frechverlag** GmbH, 70499 Stuttgart

Best.-Nr. 6237

# Zeichnen lernen – Schritt für Schritt

Die innovative Reihe mit dem klaren System

**WERKSTATT ZEICHNEN**

### Zum Auffrischen, Lernen und Üben

Der Grundkurs mit:

- ▸ Materialkunde
- ▸ Einführung ins Schraffieren und Arbeiten mit Licht und Schatten
- ▸ Grundaufbau aus einfachen Elementen wie Kreis, Oval, Dreieck etc.
- ▸ Basiswissen wie Anatomie, Tierbeobachtung - und fotografie
- ▸ Katalog der wichtigsten Tiere zum Üben

### Mehr Sicherheit beim Zeichnen

- ▸ Das Passende für jeden: viele unterschiedliche Motive
- ▸ Lernen im Zusammenhang: 3 große Kapitel teilen die Motive nach inhaltlichen Kriterien
- ▸ Zahlreiche Tipps und Hintergrundinformationen zu jedem Motiv
- ▸ Sonderseiten mit Werkstatt-Tipps zu wichtigen zeichnerischen Themen oder Motiven

### Freies Zeichnen, eigene Motive entwickeln

- ▸ Anleitungen zur selbstständigen Darstellung
- ▸ Hinweise zum passenden Stil und Schulung des Auges
- ▸ Viele Tipps fürs Recherchieren und kreative Arbeiten